히어로 왕초보
프랑스어 회화

히어로 왕초보
프랑스어 회화

개정판 1쇄 **발행** 2025년 1월 10일
개정판 1쇄 **인쇄** 2025년 1월 2일

저자	홍연기, 이종은
발행처	**마인드박스**
발행인	강신갑
주소	서울시 마포구 포은로2나길 31 벨라비스타 208호
등록번호	105-91-62861 **등록일자** 2011년 7월 10일
전화	02.406.0047 **팩스** 02.406.0042
이메일	mindbox1@naver.com
MP3 다운로드	blog.naver.com/mindbox1

ISBN 979-11-94500-00-1 (10760)
값 12,000원
ⓒ MINDBOX, 2025

마인드박스는 랭귀지북스의 임프린트입니다.
이 책은 저작권법에 따라 보호받는 저작물이므로 무단 전재와 무단 복제를 금지하며,
이 책 내용의 전부 또는 일부를 이용하려면 반드시 저작권자와 **마인드박스**의 서면 동의를 받아야 합니다.
잘못된 책은 구입처에서 바꿔 드립니다.

히어로 왕초보
프랑스어 회화

마인드
박스

Avant-propos 머리말

프랑스어는 국제기구의 공용어이자 약 30여 개국에서 사용하는 언어입니다. 국제 진출을 원하는 많은 사람들에게 필수적인 언어로 영어 못지않은 중요성을 지닙니다. 그러나 복잡한 동사변화와 문법, 듣기도 따라 하기도 어려운 발음 때문에 프랑스어 공부에 도전했다가 포기하는 학습자가 많습니다. 그런 분들을 위해 내 손 안에 쏙 들어오는 <히어로 왕초보 프랑스어 회화>는 복잡한 문법을 대신해 일상에서 쓸 수 있는 프랑스어 회화만을 담았습니다.

프랑스어권 해외여행 및 출장, 어학연수, 유학, 이민으로 프랑스어 고민에 빠져 있다면 <히어로 왕초보 프랑스어 회화>로 자신 있게 준비하세요.

나의 프랑스어 실력을 빛나게 할 작지만 강한 책으로 이제 당신도 프랑스어 히어로가 될 수 있습니다.

홍연기, 이종은

Caractéristiques du livre 이 책의 특징

● 막힘없이 쉽게!

왕초보부터 초·중급 수준의 프랑스어 학습자를 위한 회화 포켓북입니다. 프랑스어권 사람들과 바로 통하는 표현을 엄선해, 인사부터 일상생활, 여행까지 세세하게 구성했습니다. 이제 어떤 프랑스어 응급상황이 닥치더라도 당황하지 말고 상황별 표현을 찾아 막힘없이 말해 보세요.

● 리얼 발음으로 쉽게!!

왕초보도 프랑스어를 쉽게 읽을 수 있도록 원어민 발음에 최대한 가까운 한글 발음을 각 표현 하단에 표기했습니다. 단어 간에 연음과 묵음이 많아 어려운 프랑스어 발음을 세심히 체크하여 반영한 한글 표기로 이제 자신 있게 리얼 발음을 구사해 보세요.

● 어디서나 쉽게!!!

한손에 쏙 들어오는 크기로, 24시간 주머니 속에 넣고 다니며 필요할 때마다 꺼내 표현을 익힐 수 있습니다. 이제까지 보디랭귀지와 단순 단어만으로 프랑스어 위기상황을 모면했다면 지금부터는 포켓 사이즈 <히어로 왕초보 프랑스어 회화>로 언제 어디서든 마음껏 이야기해 보세요.

• 프랑스어 알파벳과 발음

1. Alphabet 알파베

MP3. C00

프랑스어는 26개의 기본 알파벳으로 구성되어 있습니다.

A/a 아	B/b 베	C/c 쎄
tasse 따쓰 찻잔	**b**ière 비애(흐) 맥주	**c**eci 쓰씨 이것
D/d 데	**E/e** 으	**F/f** 에프
dent 덩 치아	**e**t 에 그리고	**f**emme 팜 여성
G/g 제	**H/h** 아슈	**I/i** 이
gens 정 사람들	**h**omme 엄 남자	**i**ci 이씨 여기에

J/j 지	**K/k** 꺄	**L/l** 엘

jour
주흐
날

kiosque
끼오스끄
가판점

liquide
리뀌드
액체

M/m 엠	**N/n** 엔	**O/o** 오

mère
매(흐)
어머니

neige
네즈
눈

mo**t**
모
단어

P/p 뻬	**Q/q** 뀌	**R/r** 에흐

père
빼(흐)
아버지

quartier
꺄흐띠에
1/4; 구역

robe
호브
원피스

S/s 에쓰	**T/t** 떼	**U/u** 위

saison
쎄종
계절

thé
떼
차

n**u**it
뉘
밤

V/v	W/w	X/x
베	두블르베	익스

vrai **w**ifi lu**x**e
브헤 위피 뤽쓰
참된 와이파이 명품

Y/y	Z/z
이그헥	제드

l**y**cée **z**éro
리쎄 제호
고등학교 0

여기에 accent aigu 악썽 떼귀, accent grave 악썽 그하브, accent circonflexe 악썽 씨흐꽁플렉스, tréma 트헤마, cédille 쎄디이라는 다섯 개의 철자 부호를 덧붙인 알파벳이 더 있습니다.

accent aigu	accent grave	accent circonflexe	tréma	cédille
é	à è ù	â ê î ô û	ë ï	ç

2. 발음

(1) **A/a, À/à, Â/â** 아는 [아] 소리입니다.

(2) **B/b** 베는 [ㅂ] 소리입니다.

(3) **C/c** 쎄는 뒤에 e, i, y가 오면 [ㅆ], a, o, u가 오면 [ㄲ] 소리가 납니다.
Ç/ç는 항상 [ㅆ] 소리가 납니다. ch는 [슈] 소리입니다.

(4) **D/d** 데는 [ㄷ] 소리입니다.

(5) **E/e** 으는 [애] 혹은 [으] 소리입니다.
모음자 **E/e**가 제일 뒤에 위치할 때는 발음을 하지 않지만, 단음절일 때는 발음합니다.
É/é, Ê/ê, Ë/ë는 [에] 소리를, **È/è**는 [애] 소리를 냅니다.

(6) **F/f** 에프는 [ㅍ] 소리와 [ㅎ] 소리의 중간 정도로 발음해 줍니다. 이 책에서는 편의상 [ㅍ]로 표기하였습니다.

(7) **G/g** 제는 뒤에 e, i, y가 오면 [ㅈ], a, o, u가 오면 [ㄱ] 소리가 납니다. g 뒤에 오는 u는 발음하지 않습니다.

⑻ **H/h** 아슈는 발음하지 않습니다.

⑼ **I/i, Î/î, Ï/ï** 이는 [이] 소리입니다. i가 다른 모음 앞에 올 때는 짧게 발음하는 반모음이 됩니다.

⑽ **J/j** 지는 [ㅈ] 소리입니다.

⑾ **K/k** 까는 [ㄲ] 소리입니다.

⑿ **L/l** 엘은 [ㄹ] 소리입니다.

⒀ **M/m** 엠은 [ㅁ] 소리입니다.

⒁ **N/n** 엔은 [ㄴ] 소리입니다. gn의 경우 [뉴] 발음을 합니다.

⒂ **O/o, Ô/ô** 오는 [오] 소리입니다.
au와 eau도 [오]로 발음합니다.

⒃ **P/p** 뻬는 [ㅃ] 소리입니다. r 앞에서는 [ㅍ]로 발음합니다. ph의 경우 [ㅍ] 소리와 [ㅎ] 소리의 중간 정도로 발음합니다.

⒄ **Q/q** 뀌는 [ㄲ] 발음이며, q 뒤에 나오는 모음자 u는 발음하지 않습니다.

⒅ **R/r** 에흐는 [ㄹ] 소리와 [ㅎ] 소리의 중간 정도로 발음해 줍니다. 이 책에서는 편의상 [ㅎ]로 표기하였습니다.

⑲ **S/s** 에쓰는 [ㅆ] 소리입니다. 그러나 모음 사이에 올 경우 [ㅈ] 발음이 납니다. ss는 항상 [ㅆ] 소리입니다.

⑳ **T/t** 떼는 [ㄸ] 소리입니다. r 앞에서는 [ㅌ]로 발음합니다. -tio, -tia의 경우 t는 [ㅆ] 발음을 내지만, -stio, -stia의 t는 [ㄸ] 소리입니다.

㉑ **U/u**, **Ù/ù**, **Û/û** 위는 [위] 발음입니다. [오] 소리를 낼 때처럼 입술을 동그랗게 하고 [이] 소리를 내면 됩니다. 다른 모음 앞에 오는 경우 짧게 발음하는 반모음이 됩니다.

㉒ **V/v** 베는 [ㅂ] 소리입니다.

㉓ **W/w** 두블르베는 [ㅇ] 소리입니다.

㉔ **X/x** 익스는 [ㄱㅆ] 발음입니다. [애] 소리가 나는 모음 사이에 끼어 있을 경우는 [ㄱㅈ]로 발음합니다. 맨 끝에 올 때는 [ㅆ] 소리입니다.

㉕ **Y/y** 이그헥은 [이] 소리입니다.

㉖ **Z/z** 제드는 [ㅈ] 발음입니다.

- **프랑스어 알파벳과 발음**   6

Chapitre 01   첫 만남부터 당당히!

Unité 1   인사

처음 만났을 때	26
때에 따른 인사	27
오랜만에 만났을 때	29
안부를 묻는 인사	30
안부 인사에 대한 대답	32
헤어질 때 인사	34
환영할 때	35
말 걸기	36
화제를 바꿀 때	38

Unité 2   소개

상대방에 대해 묻기	40
자기에 대해 말하기	41
개인 신상에 대해 말하기	43
소개하기	44

Unité 3   감사

감사하다	46
감사 인사에 대한 응답	49

Unité 4   사과

사과하기	51
내가 잘못했을 때	52
타인이 잘못했을 때	54
사과에 대한 응답	55

Unité 5	**대답**	
	잘 알아듣지 못할 때	56
	양해를 구할 때	57
	긍정적으로 대답할 때	59
	부정적으로 대답할 때	60
	완곡히 거절할 때	62
	기타 대답	63
	맞장구칠 때	64
	맞장구치지 않을 때	66
	반대할 때	67
Unité 6	**주의 & 충고**	
	주의를 줄 때	69
	충고할 때	72
Unité 7	**기타**	
	존경	76
	칭찬	78
	격려	80
	부탁	81
	재촉	82
	긍정적 추측	84
	부정적 추측	85
	동정	86
	비난	87

Chapitre 02 사소한 일상에서도!

Unité 1　하루 생활

일어나기	92
씻기	93
식사	94
옷 입기 & 화장하기	96
TV 보기	98
잠자리 들기	99
잠버릇	100
숙면	101
꿈	103

Unité 2　집

화장실 사용	105
화장실 에티켓	106
욕실에서	108
거실에서	109
부엌에서	110
냉장고	111
요리하기	113
식탁에서	114
식사 예절	116
설거지	118
위생	120
청소	121
분리수거	123
세탁	124

	집 꾸미기	126
Unité 3	**운전 & 교통**	
	운전	128
	주차	130
	교통체증	131
	교통 규정 위반	133
	지하철	135
Unité 4	**이사**	
	부동산 집 구하기	137
	부동산 조건 보기	138
	부동산 계약하기	140
	이사 계획	141
	짐 싸기	143
	이사 비용	144
	정리	145
Unité 5	**전화**	
	전화를 걸 때	147
	전화를 받을 때	148
	전화를 바꿔 줄 때	150
	다시 전화한다고 할 때	151
	전화를 받을 수 없을 때	153
	전화 메모 남기기	154
	잘못 걸려 온 전화	156
	전화를 끊을 때	158
	전화 기타	159

Chapitre 03 정겨운 말 한마디!

Unité 1　날씨 & 계절

날씨 묻기	164
일기 예보	165
맑은 날	167
흐린 날	168
비오는 날	170
천둥 & 번개	171
봄 날씨	173
황사	174
장마	176
여름 날씨	178
태풍	179
가뭄	180
홍수	182
가을 날씨	184
단풍	185
겨울 날씨	187
눈	188
계절	190

Unité 2　명절 & 기념일

설날	192
주현절	193
추석	195
크리스마스	196
부활절	200
생일	201

	축하	204
Unité 3	**음주**	
	주량	206
	술에 취함	207
	술에 대한 충고	209
	술에 대한 기호	210
	금주	211
	술 기타	213
Unité 4	**흡연**	
	흡연	215
	담배	216
	금연	218
Unité 5	**취미**	
	취미 묻기	222
	취미 대답하기	223
	사진	225
	스포츠	226
	계절 스포츠	228
	구기 스포츠	229
	음악 감상	231
	악기 연주	232
	미술 감상	234
	영화 감상	236
	영화관 가기	237
	독서	239
	취미 기타	240

Chapitre 04 어디서든 당당하게!

Unité 1   음식점

음식점 추천	244
식당 예약	245
예약 없이 갔을 때	247
메뉴 보기	248
주문하기 – 음료	250
주문하기 – 메뉴 고르기	251
주문하기 – 선택 사항	252
주문하기 – 디저트	254
불만 사항	255
요청 사항	257
맛에 대한 평가	258
계산	260
패스트푸드점에서	262
카페에서	263
기타 식당 관련	265

Unité 2   쇼핑

쇼핑하기	267
쇼핑몰	268
옷 가게	270
신발 가게	273
화장품 가게	274
구입 결정	276
시장	277
식료품점 & 마트	279

	벼룩시장	280
	할인	282
	계산하기	283
	할부 구매	285
	환불 & 교환	286
Unité 3	**병원 & 약국**	
	진료 예약 & 접수	289
	진찰실	290
	외과	292
	내과 – 감기	293
	내과 – 열	295
	내과 – 소화기	296
	치과 – 치통	298
	치과 – 충치	300
	기타 진료	302
	입원 & 퇴원	303
	수술	305
	병원비 & 의료보험	306
	문병	307
	처방전	309
	약국	310
Unité 4	**은행 & 우체국**	
	계좌 개설	313
	입출금	314
	송금	316
	현금 인출기 사용	317

	신용 카드	319
	환전	321
	환율	322
	대출	323
	은행 기타	325
	편지 발송	327
	소포 발송	328
	우체국 기타	330
Unité 5	**도서관**	
	도서관	332
	도서 대출	333
	도서 반납	335
	연체 & 대출 연장	336
Unité 6	**미술관 & 박물관**	
	관람 안내	338
	위치 설명	340
	기념품 구입	341
	미술관 & 박물관 기타	343
Unité 7	**미용실**	
	미용실 상담	345
	커트	346
	파마	349
	염색	350
	네일	352
	미용실 기타	354

Unité 8	**세탁소**	
	세탁물 맡기기	356
	세탁물 찾기	358
	세탁물 확인	359
	얼룩 제거	361
	수선	363
Unité 9	**렌터카&주유소**	
	렌터카 대여	365
	렌터카 반납	367
	주유소	369
	세차&정비	372
Unité 10	**서점**	
	서점	374
	책 찾기	375
	도서 구입	380
	인터넷 서점	382
Unité 11	**영화관&공연장**	
	영화관	384
	영화표	385
	상영관 에티켓	387
	콘서트장	389
	공연 기타	391
Unité 12	**술집&클럽**	
	술집	393
	술 약속 잡기	394
	술 권하기	396

	술 고르기	397
	클럽	399
Unité 13	**파티**	
	파티 준비	401
	파티 초대	402
	파티 후	404
	다양한 파티	406

Chapitre 05 여행을 떠나요!

Unité 1	**출발 전**	
	여행 계획	410
	교통편 예약	411
	여권 & 비자	415
Unité 2	**공항에서**	
	공항 가기	417
	발권	419
	탑승	420
	세관	422
	면세점	424
	출국 심사	425
	보안 검사	427
	입국 심사	429
	마중	431
	공항 기타	433
Unité 3	**기내에서**	
	좌석 찾기	435
	기내	437

	기내식	439
Unité 4	**기차에서**	
	기차표 구입	441
	기차 타기	442
	객실에서	444
	역 도착	446
	기차 기타	448
Unité 5	**숙박**	
	숙박 시설 예약	450
	체크인	453
	체크아웃	455
	숙박 시설 이용	456
	불편사항	458
Unité 6	**관광**	
	관광 안내소	460
	투어 참여	462
	가이드 안내	464
	길 묻기	465
	구경하기	469
	관광 기타	470
Unité 7	**교통**	
	버스	472
	선박	473
	트램	475
	자전거	477
	교통 기타	478

Chapitre 01
첫 만남부터 당당히!

Unité 1	**인사**
Unité 2	**소개**
Unité 3	**감사**
Unité 4	**사과**
Unité 5	**대답**
Unité 6	**주의&충고**
Unité 7	**기타**

Unité 1 **인사**

MP3. C01_U01

처음 만났을 때

💬 처음 뵙겠습니다.

Enchanté(e).
엉샹떼

💬 만나서 반갑습니다.

Enchanté(e) de vous rencontrer.
엉샹떼 드 부 헝꽁트헤
Je suis ravie de faire votre connaissance.
즈 쒸 하비 드 페(흐) 보트(흐) 꼬네쌍스

💬 직접 뵙게 되어 정말 반갑습니다.

Je suis très heureux (heureuse) de vous rencontrer en personne.
즈 쒸 트해 죄흐 (죄흐즈) 드 부 헝꽁트헤 엉 뻬흐쏜
Je suis ravi(e) de vous rencontrer en personne.
즈 쒸 하비 드 부 헝꽁트헤 엉 뻬흐쏜

💬 명함 한 장 주시겠어요?

Pourrais-je avoir votre carte de visite ?
뿌헤즈 아부아 보트(흐) 꺄흐뜨 드 비지뜨?

💬 여기 제 명함입니다.

  Voici ma carte.
  부아씨 마 꺄흐뜨

💬 말씀 많이 들었습니다.

  J'ai beaucoup entendu parler de vous.
  줴 보꾸 뼁떵뒤 빠흘레 드 부

💬 전에 우리 만난 적 있나요?

  Est-ce qu'on s'est déjà rencontré ?
  에스꽁 쎄 데자 헝꽁트헤?

때에 따른 인사

💬 안녕하세요. (낮에 만났을 때)

  Bonjour.
  봉주

💬 안녕하세요. (저녁에 만났을 때)

  Bonsoir.
  봉쑤아

💬 안녕. (가까운 사이일 경우, 만나거나 헤어질 때)

> Salut.
> 쌀뤼

💬 여러분 안녕하세요. (많은 사람들에게 인사할 때)

> Bonjour à tous.
> 봉주 아 뚜쓰

💬 잘 자요. (밤 시간에 자러 갈 때)

> Bonne nuit.
> 본 뉘
> Dors bien.
> 도흐 비엉
> Dormez bien. (상대가 여럿이거나 가까운 사이가 아닐 경우)
> 도흐메 비엉

💬 좋은 꿈 꾸세요.

> Faites de beaux rêves.
> 페뜨 드 보 헤브

💬 좋은 꿈 꿔.

> Fais de beaux rêves.
> 페 드 보 헤브

오랜만에 만났을 때

💬 오랜만이에요.

Ça fait longtemps.
싸 페 롱떵

💬 오랫동안 뵙지 못했네요.

Ça faisait longtemps que je ne vous avais pas vu.
싸 프제 롱떵 끄 즈 느 부 자베 빠 뷔

💬 요즘 어떻게 지내셨어요?

Que faites-vous ces derniers temps ?
끄 페뜨부 쎄 데흐니에 떵?
À quoi passez-vous votre temps ?
아 꾸아 빠쎄부 보트(흐) 떵?

💬 하나도 안 변했네요.

Vous n'avez pas changé.
부 나베 빠 샹제

💬 요즘 뵙기 힘드네요.

Je ne vous ai pas vu souvent ces derniers temps.
즈 느 부 제 빠 뷔 쑤벙 쎄 데흐니에 떵
Ce n'est pas facile de vous voir en ce moment.
쓰 네 빠 파씰 드 부 부아 엉 쓰 모멍

💬 여기에서 뵙다니 뜻밖이에요.

Je ne pensais pas vous voir ici.
즈 느 뻥쎄 빠 부 부아 이씨

안부를 묻는 인사

💬 잘 지내?

Ça va ?
싸 바?
Ça va bien ?
싸 바 비엉?

💬 어떻게 지내세요?

Comment allez-vous ?
꼬멍 딸레부?
Comment ça va ?
꼬멍 싸 바?

💬 주말 어떻게 보냈어요?

Qu'avez-vous fait ce week-end ?
꺄베부 페 쓰 위껜드?
Comment s'est passé votre week-end ?
꼬멍 쎄 빠쎄 보트(흐) 위껜드?

💬 가족들은 어떻게 지내나요?

Comment va votre famille ?
꼬멍 바 보트(흐) 파미이?

💬 무슨 일 있어요?

Qu'est-ce qu'il y a ?
께스낄 리 아?

💬 어디 안 좋아요?

Ça ne va pas ?
싸 느 바 빠?

💬 별일 없니? (친한 사이에 간단하게 안부 묻기)

Tu vas bien ?
뛰 바 비엉?
Ça roule ? (아주 친한 사이일 때)
싸 훌?

안부 인사에 대한 대답

💬 잘 지내.

Ça va.
싸 바
Ça va bien.
싸 바 비엉
Je vais bien.
즈 베 비엉
Très bien.
트해 비엉

💬 그럭저럭 지내.

Pas mal.
빠 말
Comme ci comme ça.
꼼 씨 꼼 싸

Bof.
보프

💬 항상 좋아요.

Bien comme toujours.
비엉 꼼 뚜주

💬 늘 비슷해요.

C'est toujours pareil.
쎄 뚜주 빠헤이

💬 별일 없어요.

Rien de spécial.
히엉 드 스뻬씨알

💬 오늘은 기분이 별로예요.

Je ne suis pas de bonne humeur aujourd'hui.
즈 느 쒸 빠 드 본 위뫼 오주흐뒤

헤어질 때 인사

💬 잘 가요.

Au revoir.
오 흐부아

💬 좋은 하루 보내요.

Bonne journée. (낮에 헤어질 때)
본 주흐네
Bonne soirée. (저녁에 헤어질 때)
본 쑤아헤

💬 즐거운 주말 보내세요.

Bon week-end.
봉 위껜드

💬 내일 봐요.

À demain.
아 드맹

💬 곧 만나요.

À bientôt.
아 비엉또
À tout à l'heure. (잠시 후에 만날 경우)
아 뚜 따 뢰(흐)

💬 연락하고 지내자.

Restons en contact.
헤스똥 엉 꽁딱
Gardons le contact.
갸흐동 르 꽁딱

💬 가족들에게 제 안부 전해 주세요.

Saluez votre famille pour moi.
쌀뤼에 보트(흐) 파미이 뿌흐 무아
Saluez votre famille de ma part.
쌀뤼에 보트(흐) 파미이 드 마 빠흐

환영할 때

💬 파리에 오신 것을 환영합니다.

Bienvenue à Paris.
비엉브뉘 아 빠히

💬 저희 집에 오신 것을 환영해요.

Bienvenue chez moi. (혼자 살 경우)
비엉브뉘 쉐 무아
Bienvenue chez nous. (가족과 함께 살 경우)
비엉브뉘 쉐 누

💬 모두 환영합니다.

Bienvenue à tous.
비엉브뉘 아 뚜스

💬 이곳이 마음에 들기를 바랍니다.

J'espère que cet endroit vous plaît.
줴스뻬(흐) 끄 쎄 떵드후아 부 쁠레

💬 함께 일하게 되어 반가워요.

Je suis ravi(e) de travailler avec vous.
즈 쒸 하비 드 트하바이에 아베끄 부
Je suis heureux (heureuse) que nous puissions travailler ensemble.
즈 쒸 죄흐 (죄흐즈) 끄 누 쀠씨옹 트하바이에 엉썽블르

말 걸기

💬 실례합니다.

Excusez-moi.
엑스뀌제무아
Pardon.
빠흐동

💬 저기요! (특정한 사람을 부를 때)

Monsieur ! (상대방이 남성일 때)
므씨으!

Madame ! (상대방이 기혼 여성일 때)
마담!

Mademoiselle ! (상대방이 미혼 여성일 때)
마드무아젤!

💬 드릴 말씀이 있어요.

J'ai quelque chose à vous dire.
줴 껠끄 쇼즈 아 부 디(흐)

💬 잠깐 이야기 좀 할 수 있을까요?

Est-ce que vous avez une minute ?
에스끄 부 자베 윈 미뉘뜨?

Est-ce que je peux vous parler un instant ?
에스끄 즈 쁘 부 빠흘레 어 냉스땅?

💬 말씀 중 죄송합니다. (말하는 도중 끼어들 때)

Excusez-moi de vous interrompre.
엑스뀌제무아 드 부 쟁떼롱프(흐)

37

💬 내 말 좀 들어 봐요.

Laissez-moi parler.
레쎄무아 빠흘레
Écoutez-moi.
에꾸떼무아

화제를 바꿀 때

💬 다른 얘기를 하죠.

Parlons d'autre chose.
빠흘롱 도트(흐) 쇼즈

💬 새로운 주제로 넘어가죠.

Passons à un autre sujet.
빠쏭 아 어 노트(흐) 쒸제

💬 그건 그렇고, 들로네 씨 소식 들었어요?

À propos, avez-vous des nouvelles de M. Delaunay ?
아 프호뽀, 아베부 데 누벨 드 므씨으 들로네?

💬 뭐 새로운 소식 있나요?

Est-ce qu'il y a du nouveau ?
에스낄 리 아 뒤 누보?

Quoi de neuf ? (친한 사람에게 물을 경우)
꾸아 드 뇌프?

💬 의견을 나눠 보죠.

Échangeons (-nous) des idées.
에샹종 (누) 데 지데

Unité 2 소개

상대방에 대해 묻기

💬 성함이 어떻게 되세요?

Comment vous appelez-vous ?
꼬멍 부 자뻴레부?
Quel est votre nom ?
껠 레 보트(흐) 농?

💬 성함 철자가 어떻게 되죠?

Pourriez-vous épeler votre nom ?
뿌히에부 에뻴레 보트(흐) 농?

💬 직업이 뭐예요?

Qu'est-ce que vous faites dans la vie ?
께스끄 부 페뜨 당 라 비?
Quelle est votre profession ?
껠 레 보트(흐) 프호페씨옹?

💬 누구와 일하세요?

Avec qui travaillez-vous ?
아베끄 끼 트하바이에부?

💬 어디에서 오셨어요? (국적을 물을 때)

> D'où venez-vous ?
> 두 브네부?
>
> Quelle est votre nationalité ?
> 껠 레 보트(흐) 나씨오날리떼?

💬 몇 개 국어 하시나요?

> Quelles langues parlez-vous ?
> 껠 랑그 빠흘레부?

💬 전공이 뭐예요?

> Vous êtes étudiant(e) en quoi ?
> 부 제뜨 제뛰디앙(뜨) 엉 꾸아?
>
> Quelle est votre filière ?
> 껠 레 보트(흐) 필리애(흐)?

자기에 대해 말하기

💬 제 이름은 파스칼 들로네입니다.

> Je m'appelle Pascal Delaunay.
> 즈 마뻴 빠스깔 들로네

💬 제 성은 '김'이고, 이름은 '유나'예요.

Mon nom de famille est 'Kim' et mon prénom est 'You-na'.
몽 농 드 파미이 에 '김' 에 몽 프헤농 에 '유나'

💬 저는 파리 은행에서 일하고 있어요.

Je travaille à la Banque de Paris.
즈 트하바이 알 라 방끄 드 빠히

💬 저는 리옹 3 대학 학생입니다.

Je suis étudiant(e) à l'Université Lyon 3.
즈 쒸 제뛰디앙(뜨) 아 뤼니베흐씨떼 리옹 트후아

💬 저는 프랑스 문학을 전공하고 있어요.

Je suis étudiant(e) en littérature française.
즈 쒸 제뛰디앙(뜨) 엉 리떼하뛰(흐) 프항쎄즈

Je fais de la littérature française.
즈 페 들 라 리떼하뛰(흐) 프항쎄즈

개인 신상에 대해 말하기

💬 저는 한국인이에요.

　　Je suis coréen(ne).
　　즈 쒸 꼬헤엉(꼬헤엔)
　　Je viens de Corée.
　　즈 비엉 드 꼬헤

💬 저는 미혼입니다.

　　Je suis célibataire.
　　즈 쒸 쎌리바떼(흐)

💬 저는 혼자 살아요.

　　J'habite seul(e).
　　자비뜨 쐴

💬 그는 결혼했어요.

　　Il est marié.
　　일 레 마히에

💬 그녀는 결혼했어요.

　　Elle est mariée.
　　엘 레 마히에

43

💬 그는 몇 살인가요?

Quel âge a-t-il ?
껠 라즈 아띨?
Il a quel âge ?
일 라 껠 라즈?

💬 그녀는 몇 살인가요?

Quel âge a-t-elle ?
껠 라즈 아뗄?
Elle a quel âge ?
엘 라 껠 라즈?

💬 그는 32살이에요.

Il a trente-deux ans.
일 라 트헝드 장

소개하기

💬 제 소개를 하겠습니다.

Permettez-moi de me présenter.
뻬흐메떼무아 드 므 프헤정떼
Laissez-moi me présenter.
레쎄무아 므 프헤정떼

Je me présente.
즈 므 프헤정뜨

💬 들로네 씨, 뒤부아 부인을 아시나요?

M. Delaunay, connaissez-vous Mme. Dubois ?
므씨으 들로네, 꼬네쎄부 마담 뒤부아?

💬 뒤부아 부인에게 당신을 소개해도 될까요?
(두 사람을 소개시켜 줄 때)

Puis-je vous présenter à Mme. Dubois ?
쀠즈 부 프헤정떼 아 마담 뒤부아?

💬 그는 제 오랜 친구예요.

C'est un vieil ami.
쎄 떵 비에이 아미
Il est un vieil ami.
일 레 떵 비에이 아미

💬 모두들 그를 그냥 '장'이라 불러요.

Tout le monde l'appelle juste 'Jean'.
뚜 르 몽드 라뻴 쥐스뜨 '쟝'

Unité 3 감사

MP3. C01_U03

감사하다

💬 감사합니다.

Merci.
메흐씨

💬 정말 감사합니다.

Merci beaucoup.
메흐씨 보꾸
Merci mille fois.
메흐씨 밀 푸아
Je vous remercie beaucoup.
즈 부 흐메흐씨 보꾸

💬 여러모로 감사합니다.

Merci pour tout.
메흐씨 뿌흐 뚜

💬 그렇게 말씀해 주시니 감사합니다.

Je vous remercie de dire cela.
즈 부 흐메흐씨 드 디(흐) 쓸라
Je vous remercie de parler ainsi.
즈 부 흐메흐씨 드 빠흘레 앵씨

💬 당신께 진 빚을 평생 잊지 않겠습니다.

Je n'oublierai jamais ma dette envers vous.
즈 누블리헤 자메 마 뎃뜨 엉베 부

💬 와 주셔서 감사합니다.

Merci d'être venu(e).
메흐씨 데트(흐) 브뉘

💬 도와주셔서 대단히 감사합니다.

Merci beaucoup de votre aide.
메흐씨 보꾸 드 보트(흐) 에드
Merci de m'avoir aidé.
메흐씨 드 마부아 에데

💬 신경 써 주셔서 고마워요.

Merci d'avoir pensé à moi.
메흐씨 다부아 뻥쎄 아 무아

💬 초대에 감사드립니다.

Je vous remercie de m'avoir invité.
즈 부 흐메흐씨 드 마부아 앵비떼

💬 기회를 주셔서 감사합니다.

Merci de m'avoir donné une chance.
메흐씨 드 마부아 도네 윈 샹쓰

💬 길을 알려 주셔서 고마워요.

Merci de m'avoir guidé.
메흐씨 드 마부아 기데

💬 시간 내 주셔서 감사합니다.

Merci de m'avoir accordé du temps.
메흐씨 드 마부아 아꼬흐데 뒤 떵

💬 배려해 주셔서 감사합니다.

Merci de votre considération.
메흐씨 드 보트(흐) 꽁씨데하씨옹

💬 기다려 줘서 고마워요.

Merci de m'avoir attendu.
메흐씨 드 마부아 아떵뒤

감사 인사에 대한 응답

💬 천만에요.

De rien.
드 히엉
Je vous en prie.
즈 부 정 프히
Il n'y a pas de quoi.
일 니 아 빠 드 꾸아

💬 오히려 제가 감사드리지요.

C'est plutôt moi qui vous remercie.
쎄 쁠뤼또 무아 끼 부 흐메흐씨

💬 대단한 일도 아닌데요.

Ce n'est pas grave.
쓰 네 빠 그하브
Ce n'est pas important.
쓰 네 빠 쟁뽀흐땅

💬 주저하지 말고 저에게 도움을 청하세요.

N'hésitez pas à me demander de l'aide.
네지떼 빠 아 므 드망데 드 레드

💬 과찬입니다.

Vous me flattez.
부 므 플라떼

💬 도움이 될 수 있어 기뻐요.

Je suis heureux (heureuse) d'avoir pu vous aider.
즈 쒸 죄흐 (죄흐즈) 다부아 쀠 부 제데

Unité 4 사과

사과하기

💬 미안합니다.

Je suis désolé(e).
즈 쒸 데졸레
Désolé(e).
데졸레
Excusez-moi.
엑스뀌제무아

💬 그 일에 대해서는 정말 미안해요.

Je suis vraiment désolé(e) pour cette affaire.
즈 쒸 브헤멍 데졸레 뿌흐 쎗뜨 아페(흐)
Je suis vraiment désolé(e) pour ce qu'il s'est passé.
즈 쒸 브헤멍 데졸레 뿌흐 쓰 낄 쎄 빠쎄

💬 늦어서 죄송합니다.

Excusez mon retard.
엑스뀌제 몽 흐따
Excusez-moi du retard.
엑스뀌제무아 뒤 흐따

💬 방해해서 죄송합니다.

Excusez-moi de vous déranger.
엑스뀌제무아 드 부 데항제
Je suis désolé(e) de vous interrompre.
즈 쒸 데졸레 드 부 쟁떼홍프(흐)

💬 다시는 이런 일 없을 겁니다.

Ça ne se reproduira plus.
싸 느 쓰 흐프호뒤하 쁠뤼

💬 기분 나빴다면 미안해요.

Je suis désolé(e) si vous avez été offensé.
즈 쒸 데졸레 씨 부 자베 에떼 오펑쎄

내가 잘못했을 때

💬 제 잘못이에요.

C'est de ma faute.
쎄 드 마 포뜨

💬 죄송해요. 제가 전부 망쳤네요.

Je suis navré(e), j'ai tout raté.
즈 쒸 나브헤, 줴 뚜 하떼

💬 고의로 그런 건 아니었어요.

Je ne l'ai pas fait exprès.
즈 느 레 빠 페 엑스프해
Ce n'était pas mon intention.
쓰 네떼 빠 모 냉떵씨옹

💬 제가 착각했어요.

Je me suis trompé(e).
즈 므 쒸 트홍뻬

💬 제가 실수했어요.

J'ai fait une erreur.
줴 페 윈 에회

💬 미안해요, 잊어버렸어요.

Désolé(e), j'ai oublié.
데졸레, 줴 우블리에

타인이 잘못했을 때

💬 그 사람 잘못이에요.

C'est de sa faute.
쎄 드 싸 포뜨

💬 그를 너무 비난하지 마세요.

Ne lui faites pas trop de reproches.
느 뤼 페뜨 빠 트호 드 흐프호슈
Ne le critiquez pas trop.
느 르 크히띠께 빠 트호

💬 그에게 다시 한번 기회를 주세요.

Donnez-lui encore une chance.
도네뤼 엉꼬(흐) 윈 샹쓰

💬 제가 그를 도와줬어야 했나 봐요.

J'aurais dû l'aider.
조헤 뒤 레데

💬 그는 자기가 뭘 잘못했는지 몰라요.

Il ne sait pas ce qu'il a fait de mal.
일 느 쎄 빠 쓰 낄 라 페 드 말

사과에 대한 응답

💬 괜찮습니다.

Ce n'est pas grave.
쓰 네 빠 그하브

💬 저야말로 사과드려야죠.

C'est moi qui dois m'excuser.
쎄 무아 끼 두아 멕스뀌제

💬 지난 잘못은 잊읍시다.

Oublions les erreurs passées.
우블리옹 레 제회 빠쎄

💬 걱정하지 마세요.

Ne vous inquiétez pas.
느 부 쟁끼에떼 빠

💬 사과를 받아들일게요.

J'accepte vos excuses.
작쎕뜨 보 젝스뀌즈

Unité 5 **대답**

MP3. C01_U05

잘 알아듣지 못할 때

💬 뭐라고요?

Pardon ?
빠흐동?
Comment ?
꼬멍?

💬 무슨 말인지 제대로 못 들었어요.

Je n'ai pas bien entendu de quoi il s'agissait.
즈 네 빠 비엉 넝떵뒤 드 꾸아 일 싸지쎄
Je n'ai pas pu entendre de quoi il s'agissait.
즈 네 빠 쀠 엉떵드(흐) 드 꾸아 일 싸지쎄

💬 한번 더 말해 주세요.

Pouvez-vous répéter encore une fois ?
뿌베부 헤뻬떼 엉꼬(흐) 윈 푸아?

💬 좀 더 천천히 말해 주세요.

Parlez plus lentement, s'il vous plaît.
빠흘레 쁠뤼 렁뜨멍, 씰 부 쁠레

💬 좀 더 크게 말해 주세요.

Parlez plus fort, s'il vous plaît.
빠흘레 쁠뤼 포흐, 씰 부 쁠레

💬 죄송하지만 이해하지 못했어요.

Pardon, je n'ai pas compris.
빠흐동, 즈 네 빠 꽁프히

양해를 구할 때

💬 실례지만 지나가도 될까요?

Pardon, puis-je passer ?
빠흐동, 쀠즈 빠쎄?

💬 잠시 실례하겠습니다. 곧 돌아올게요.

Veuillez m'excuser, je reviens dans un instant.
뵈이에 멕스뀌제, 즈 흐비엉 당 저 냉스땅

💬 약속이 있어서 먼저 가 볼게요.

Je pars en premier car j'ai un rendez-vous.
즈 빠흐 엉 프흐미에 꺄흐 줴 엉 헝데부

Comme j'ai un rendez-vous, je pars en premier.
꼼 줴 엉 헝데부, 즈 빠흐 엉 프흐미에

💬 잠깐 제 가방 좀 봐 주시겠어요? 금방 돌아올게요.

Est-ce que vous pouvez garder mon sac un instant ? Je reviens tout de suite.
에스끄 부 뿌베 갸흐데 몽 싸끄 어 냉스땅?
즈 흐비엉 뚜 드 쒸뜨

💬 죄송하지만 조금 늦게 도착할 것 같아요.

Je suis désolé(e), mais je vais arriver un peu en retard.
즈 쒸 데졸레, 메 즈 베 아히베 엉 쁘 엉 흐따

긍정적으로 대답할 때

💬 물론이죠.

Bien sûr.
비엉 쒸흐
Absolument.
압쏠뤼멍
Sûrement.
쒸흐멍

💬 알겠습니다.

D'accord.
다꼬
J'ai compris.
줴 꽁프히
Entendu.
엉떵뒤

💬 기꺼이 하죠.

Avec plaisir.
아베끄 쁠레지

💬 문제없습니다.

(Il n'y a) Pas de problème.
(일 니 아) 빠 드 프호블램

💬 좋아요!

Bien !
비엉!
Parfait !
빠흐페!
Génial !
제니알!

💬 맞아요.

Oui, c'est ça.
위, 쎄 싸
Exactement.
에그작뜨멍

부정적으로 대답할 때

💬 전 모르겠네요.

Je ne sais pas.
즈 느 쎄 빠

💬 저는 이해 못했어요.

Je n'ai pas compris.
즈 네 빠 꽁프히

💬 아무것도 아니에요.

Ce n'est rien. (줄여서 C'est rien이라고 흔히 말함)
쓰 네 히엉

💬 아직이에요.

Pas encore.
빠 정꼬(흐)

💬 물론 아니죠.

Pas forcément.
빠 포흐쎄멍
Ce n'est pas sûr.
쓰 네 빠 쒸흐

💬 말도 안 돼요!

C'est impossible !
쎄 땡뽀씨블르!
Ce n'est pas possible !
쓰 네 빠 뽀씨블르!

완곡히 거절할 때

💬 죄송하지만 전 못하겠어요.

Je suis désolé(e) mais je ne peux pas.
즈 쒸 데졸레 메 즈 느 쁘 빠

💬 전 그렇게 생각하지 않아요.

Je ne pense pas ainsi.
즈 느 뻥쎄 빠 쟁씨

💬 좋은 생각 같진 않네요.

Je pense que ce n'est pas une bonne idée.
즈 뻥쓰 끄 쓰 네 빠 쥔 본 이데

💬 지금은 좀 어려울 것 같아요.

Maintenant, c'est un peu difficile.
맹뜨넝, 쎄 떵 쁘 디피씰

💬 다시 생각해 보는 게 나을 것 같아요.

Il vaudrait mieux qu'on y repense.
일 보드헤 미으 꽁 이 흐뻥쓰

기타 대답

💬 아마도.

Peut-être.
쁘떼트(흐)

Sans doute.
쌍 두뜨

Probablement.
프호바블르멍

💬 그건 경우에 따라 달라요.

Ça dépend.
싸 데뻥

💬 믿을 수 없어.

C'est incroyable.
쎄 땡크후아이야블르

Je ne peux pas le croire.
즈 느 쁘 빠 르 크후아(흐)

💬 장난치지 마!

Sans blague !
쌍 블라그!

Tu m'étonnes !
뛰 메똔!

💬 생각 좀 해 볼게요.

J'y réfléchirai.
쥐 헤플레시헤
J'y songerai.
쥐 쏭즈헤

💬 그럴 기분 아니에요.

Je ne suis pas d'humeur à ça.
즈 느 쒸 빠 뒤뫼 아 싸

💬 다음에 다시 이야기해요.

Reparlons-en plus tard.
흐빠흘롱정 쁠뤼 따흐
Reparlons-en un autre jour.
흐빠흘롱정 어 노트(흐) 주흐

맞장구칠 때

💬 맞아요.

Vous avez raison.
부 자베 헤종

💬 저도요.

Moi aussi.
무아 오씨

💬 그게 바로 제 생각이에요.

C'est exactement ce que je pense.
쎄 떼그작뜨멍 쓰 끄 즈 뻥스
Je pense pareil.
즈 뻥쓰 빠헤이

💬 좋은 생각이에요.

C'est une bonne idée.
쎄 뛴 본 이데

💬 동의합니다.

Je suis d'accord.
즈 쒸 다꼬
J'y consens.
쥐 꽁썽

💬 이의 없습니다.

(Il n'y a) Pas d'opposition.
(일 니 아) 빠 도뽀지씨옹
Je n'ai rien à dire contre cela.
즈 네 히엉 아 디(흐) 꽁트(흐) 쓸라

맞장구치지 않을 때

💬 별로 좋은 생각 같진 않네요.

Ça ne me semble pas être une bonne idée.
싸 느 므 썽블르 빠 제트(흐) 윈 본 이데

💬 꼭 그렇지는 않아요.

Pas nécessairement.
빠 네쎄쎄흐멍

💬 그게 항상 옳다고 할 수는 없죠.

On ne peut pas dire que ce soit toujours correct.
옹 느 쁘 빠 디(흐) 끄 쓰 쑤아 뚜주 꼬헥뜨

💬 저는 좀 생각이 달라요.

Je pense différemment.
즈 뻥쓰 디페하멍
Je ne suis pas de votre avis.
즈 느 쒸 빠 드 보트(흐) 아비

💬 정말 그렇게 생각하세요?

Pensez-vous vraiment ainsi ?
뻥쎄부 브헤멍 앵씨?

반대할 때

💬 저는 반대합니다.

Je suis contre.
즈 쒸 꽁트(흐)
Je m'y oppose.
즈 미 오뽀즈

💬 그 계획에 반대합니다.

Je suis contre ce projet.
즈 쒸 꽁트(흐) 쓰 프호제
Je m'oppose à ce projet.
즈 모뽀즈 아 쓰 프호제
Je réprouve ce projet.
즈 헤프후브 쓰 프호제

💬 전 당신에게 동의하지 않아요.

Je ne suis pas d'accord avec vous.
즈 느 쒸 빠 다꼬(흐) 아베끄 부

💬 전 당신을 지지하지 않아요.

Je ne peux pas vous appuyer.
즈 느 쁘 빠 부 자쀠이예

💬 당신의 의견은 이 계획에 적절하지 않은 것 같네요.

Votre opinion ne me semble pas convenir à ce projet.

보트(흐) 오삐니옹 느 므 썽블르 빠 꽁브니 아 쓰 프호제

Unité 6 주의&충고

MP3. C01_U06

주의를 줄 때

💬 조심해요!

Faites attention !
페뜨 아떵씨옹!
Soyez prudent(e)(s) !
쑤아이예 프뤼덩(뜨)!

💬 차 조심해요.

Prenez garde aux voitures.
프흐네 갸흐드 오 부아뛰(흐)
Attention à la voiture ! (바로 앞에 차가 있을 때)
아떵씨옹 알 라 부아뛰(흐)!

💬 앞에 조심해!

Attention devant !
아떵씨옹 드방!

💬 조용히 해 주세요.

Silence, s'il vous plaît.
씰렁쓰, 씰 부 쁠레
Faites silence.
페뜨 씰렁쓰

69

💬 시끄러워요!

> Taisez-vous !
> 떼제부!

💬 성급하게 굴지 마세요.

> Ne soyez pas impatient(e)(s).
> 느 쑤아이예 빠 쟁빠씨엉뜨
> Soyez patient(e)(s).
> 쑤아이예 빠씨엉뜨

💬 서둘레! 시간이 얼마 없어.

> Dépêche-toi ! On n'a pas assez de temps.
> 데뻬슈뚜아! 옹 나 빠 자쎄 드 떵
> Vite ! Le temps presse.
> 비뜨! 르 떵 프헤쓰

💬 그를 너무 믿지 마. 거짓말쟁이라고.

> Ne le crois pas trop. C'est un menteur.
> 느 르 크후아 빠 트호. 쎄 떵 멍뙤

💬 제발 나 좀 귀찮게 하지 마.

> Ne me dérange pas, s'il te plaît.
> 느 므 데항즈 빠, 씰 뜨 쁠레
> Je t'en prie, ne m'embête pas !
> 즈 떵 프히, 느 멍베뜨 빠!

💬 장난 그만둬.

Ne plaisante pas.
느 쁠레장뜨 빠

💬 역에서 소매치기를 조심하세요.

Faites attention aux pickpockets dans la gare.
페뜨 아떵씨옹 오 삑뽀께 당 라 갸(흐)

💬 이곳은 촬영 금지입니다.

Il est interdit de prendre des photos.
일 레 땡떼흐디 드 프헝드(흐) 데 포또

💬 밤에 시끄럽게 하지 마세요.

Ne faites pas de bruit la nuit.
느 페뜨 빠 드 브휘 라 뉘

💬 애완견은 출입 금지입니다.

Les chiens sont interdits d'entrée.
레 쉬엉 쏭 땡떼흐디 덩트헤

💬 여긴 주차 금지 구역이에요.

Il est interdit de stationner ici.
일 레 땡떼흐디 드 스따씨오네 이씨

충고할 때

💬 최선을 다해라.

Fais de ton mieux.
페 드 똥 미으

💬 너무 심각하게 받아들이지 마.

Ne le prends pas si sérieusement.
느 르 프헝 빠 씨 쎄히으즈멍

💬 신중하게 행동해.

Agis avec prudence.
아지 아베끄 프휘덩쓰
Agis avec discrétion.
아지 아베끄 디스크헤씨옹

💬 이 말 명심해.

Sois attentif (attentive) à ces paroles.
쑤아 아떵띠프 (아떵띠브) 아 쎄 빠홀
Rappelle-toi bien de ces paroles.
하뺄뚜아 비엉 드 쎄 빠홀

💬 무엇이든 꾸준히 하는 게 중요해.

C'est important de faire les choses régulièrement.
쎄 땡뽀흐땅 드 페(흐) 레 쇼즈 헤귈리애흐멍

C'est important de faire les choses sur le long terme.
쎄 땡뽀흐땅 드 페(흐) 레 쇼즈 쒸흐 르 롱 떼흠므

💬 시간을 아껴 쓰렴.

Ménage ton temps.
메나즈 똥 떵

💬 절대 물러서지 마.

Ne va jamais à reculons.
느 바 자메 아 흐뀔롱

💬 새로운 일을 시도하는 것을 주저하지 마.

N'hésite pas à essayer de nouvelles choses.
네지뜨 빠 아 에쎄이예 드 누벨 쇼즈

💬 앞으로 더 좋은 기회가 있을 거야.

Il y aura une meilleure opportunité dans l'avenir.
일 리 오하 윈 메이외(흐) 오쁘흐뛰니떼 당 라브니

💬 항상 웃는 얼굴로 사람들을 대하렴.

Fais toujours face aux gens avec le sourire.
페 뚜주 파쓰 오 정 아베끄 르 쑤히(흐)

💬 실패를 두려워하지 마.

Ne crains pas l'échec.
느 크랭 빠 레쉐끄

💬 실수를 두려워하지 마.

N'aie pas peur de faire un faux pas.
네 빠 뾔흐 드 페(흐) 엉 포 빠

💬 너무 기대하지 마.

N'espère pas trop.
네스뻬(흐) 빠 트호

💬 틈틈이 쉬는 게 좋아.

C'est bien de régulièrement faire une pause.
쎄 비엉 드 헤귈리애흐멍 페(흐) 윈 뽀즈

💬 항상 침착함을 잃지 마.

Ne perds jamais ton sang-froid.
느 뻬흐 자메 똥 쌍프후아
Garde toujours ton calme.
갸흐드 뚜주 똥 꺌므

Unité 7 **기타**

존경

💬 저는 그 선생님을 존경해요.

Je respecte ce professeur.
즈 헤스뻭뜨 쓰 프호페씨

💬 많은 이들이 그를 존경해요.

Beaucoup de monde lui porte du respect.
보꾸 드 몽드 뤼 뽀흐뜨 뒤 헤스뻬
Il a l'estime de beaucoup de gens.
일 라 레스띰 드 보꾸 드 졍

💬 그는 정말 존경스러운 예술가예요.

Il est un artiste estimable.
일 레 떠 나흐띠스뜨 에스띠마블르

💬 그의 재능을 높이 평가해요.

Je pense qu'il a un très grand talent.
즈 뻥쓰 낄 라 엉 트해 그항 딸렁

💬 우린 그에게 배울 점이 많아요.

Il a beaucoup de choses à nous apprendre.
일 라 보꾸 드 쇼즈 아 누 자프헝드(흐)

Nous avons beaucoup de choses à apprendre de lui.
누 자봉 보꾸 드 쇼즈 아 아프헝드(흐) 드 뤼

💬 그 사람처럼 되고 싶어요.

Je veux être comme lui.
즈 브 제트(흐) 꼼 뤼

💬 능력이 대단하시네요.

Vos compétences sont remarquables.
보 꽁뻬떵쓰 쏭 흐마흐까블르

칭찬

💬 훌륭해요!

C'est bien ! (상대방의 행동 등을 칭찬할 때)
쎄 비엉!
Bravo !
브하보!
Extra !
엑스트하!
C'est parfait !
쎄 빠흐페!
C'est bon ! (주로 음식의 맛이 훌륭함을 칭찬할 때)
쎄 봉!

💬 굉장해요!

C'est merveilleux !
쎄 메흐베이으!

💬 멋져요!

C'est magnifique !
쎄 마뉘피끄!
Superbe !
쒸뻬흐브!
Chic !
쉬끄!

La classe !
라 끌라쓰!

💬 잘하셨습니다.

Vous avez bien fait.
부 자베 비엉 페

💬 너 오늘 멋진데! (외모에 대한 칭찬)

Tu as la classe aujourd'hui !
뛰 아 라 끌라쓰 오주흐뒤!

💬 진짜 예쁘다!

C'est très joli(e) !
쎄 트해 졸리!

💬 비교가 안되네!

C'est incomparable !
쎄 땡꽁빠하블르!

격려

💬 기운 내!

Courage !
꾸하즈!
Bon courage !
봉 꾸하즈!

💬 행운을 빌어.

Bonne chance.
본 샹쓰

💬 포기하지 마.

N'abandonne pas.
나방돈 빠
Ne renonce pas.
느 흐농쓰 빠
Ne baisse pas les bras.
느 베쓰 빠 레 브하

💬 자신감을 가져.

Sois confiant(e).
쑤아 꽁피앙(뜨)
Crois en toi.
크후아 엉 뚜아

Aie confiance en toi.
에 꽁피앙쓰 엉 뚜아

💬 난 항상 네 편이야.

Je suis toujours de ton côté.
즈 쒸 뚜주 드 똥 꼬떼
Je serai toujours ton allié(e).
즈 쓰헤 뚜주 또 날리에
Je suis toujours avec toi.
즈 쒸 뚜주 아베끄 뚜아

💬 좋은 결과가 있을 거야.

Tu peux obtenir de bons résultats.
뛰 쁘 옵뜨니 드 봉 헤쥘따
Tu vas réussir.
뛰 바 헤위씨

부탁

💬 좀 부탁드려도 될까요?

Puis-je vous demander une faveur ?
쀠즈 부 드망데 윈 파뵈?

💬 좀 도와주시겠어요?

Est-ce que vous pouvez m'aider ?
에스끄 부 뿌베 메데?

💬 그것 좀 가져다주시겠어요?

Vous pouvez m'apporter cela, s'il vous plaît ?
부 뿌베 마뽀흐떼 쓸라, 씰 부 쁠레?

💬 창문 좀 닫아 주세요.

Fermez la fenêtre, s'il vous plaît.
페흐메 라 프네트(흐), 씰 부 쁠레

💬 저와 같이 이것 좀 들어 주실래요?

Pouvez-vous porter cela avec moi ?
뿌베부 뽀흐떼 쓸라 아베끄 무아?

재촉

💬 서둘러!

Fais vite !
페 비뜨!

Vite !
비뜨!
Dépêche-toi !
데뻬슈뚜아!

💬 어서 출발합시다.

Partons rapidement.
빠흐똥 하삐드멍

💬 전 좀 급해요.

Je suis un peu pressé(e).
즈 쒸 정 쁘 프헤쎄

💬 기한이 내일까지예요.

La date limite est demain.
라 다뜨 리미뜨 에 드맹

💬 우린 시간이 없어요.

Nous n'avons pas de temps.
누 나봉 빠 드 떵

💬 논문 제출이 내일까지예요.

Nous n'avons que jusqu'à demain pour présenter la thèse.
누 나봉 끄 쥐스꺄 드맹 뿌흐 프헤정떼 라 때즈

83

긍정적 추측

💬 그럴 것 같았어요.

C'est (bien) ce qu'il me semblait.
쎄 (비엉) 쓰 낄 므 썽블레

💬 잘될 거예요.

Ça ira.
싸 이하

💬 그는 좋은 남자 같아요.

Il a l'air d'être un homme bien.
일 라 레흐 데트(흐) 어 놈 비엉

💬 당신이 성공할 거라 생각해요.

Je crois que vous réussirez.
즈 크후아 끄 부 헤위씨헤

💬 충분히 가능해요.

C'est bien possible.
쎄 비엉 뽀씨블르

💬 예상했던 대로예요.

C'est ce qu'on avait prévu.
쎄 쓰 꼬 나베 프헤뷔

On n'est pas déçu.
옹 네 빠 데쒸

부정적 추측

💬 불길한 예감이 들어요.

J'ai un mauvais pressentiment.
줴 엉 모베 프헤썽띠멍

💬 그는 결국 해내지 못할 거예요.

Au final, il n'y arrivera pas.
오 피날, 일 니 아히브하 빠

💬 시험에 통과하지 못할 것 같아요.

Je pense que je ne réussirai pas l'examen.
즈 뻥쓰 끄 즈 느 헤위씨헤 빠 레그자멍

💬 최악의 사태가 생길 거라고 예상하지 못했어요.

Je ne pensais pas que le pire arriverait.
즈 느 뻥쎄 빠 끄 르 삐(흐) 아히브헤

💬 가능성이 거의 없어요.

Il est peu probable.
일 레 쁘 프호바블르
Il n'est guère possible.
일 네 개(흐) 뽀씨블르

동정

💬 참 안됐군요.

C'est dommage.
쎄 도마즈
Tant pis.
땅 삐
Quel dommage.
껠 도마즈
C'est malheureux.
쎄 말뢰흐

💬 그 일에 대해서 유감스럽습니다.

Je suis désolé(e) d'apprendre cela.
즈 쒸 데졸레 다프헝드(흐) 쓸라

💬 너무 실망하지 마세요.

Ne soyez pas trop déçu(e)(s).
느 쑤아이예 빠 트호 데쒸

💬 운이 나빴을 뿐이에요.

Vous n'avez pas eu de chance.
부 나베 빠 쥐 드 샹쓰

💬 다음엔 잘 될 거예요.

Ça ira mieux la prochaine fois.
싸 이하 미으 라 프호쉔 푸아
Ça se passera mieux la prochaine fois.
싸 쓰 빠쓰하 미으 라 프호쉔 푸아

💬 더 좋은 기회가 있을 거예요.

Il y aura une meilleure opportunité.
일 리 오하 윈 메이외(흐) 오뽀흐뛰니떼

비난

💬 창피한 줄 알아요!

Honte à vous !
옹뜨 아 부!

💬 너 정신 나갔어?

Tu es fou (folle) ?
뛰 에 푸 (폴)?
Tu as perdu l'esprit ?
뛰 아 뻬흐뒤 레스프히?

💬 바보 같아!

C'est bête !
쎄 베뜨!

💬 유치하게 굴지 마.

Ne fais pas l'enfant.
느 페 빠 렁팡

💬 철 좀 들어라!

Grandi un peu !
그항디 엉 쁘!

💬 너 정말 뻔뻔하다.

Tu ne manques pas d'aplomb.
뛰 느 망끄 빠 다쁠롱

💬 그건 아무 짝에도 쓸모없어.

Ça ne sert à rien.
싸 느 쎄흐 따 히엉

Chapitre 02
사소한 일상에서도!

Unité 1 　하루 생활
Unité 2 　집
Unité 3 　운전&교통
Unité 4 　이사
Unité 5 　전화

Unité 1 하루 생활

일어나기

💬 일어날 시간이야!

C'est l'heure de te lever !
쎄 뢰(흐) 드 뜨 르베!

💬 더 자고 싶어.

Laisse-moi dormir.
레쓰무아 도흐미

💬 일어나! 늦겠어.

Réveille-toi ! Tu vas être en retard.
헤베이뚜아! 뛰 바 제트(흐) 엉 흐따

💬 몇 시에 일어나니?

Tu te lèves à quelle heure ?
뛰 뜨 래브 아 껠 뢰(흐)?

💬 아침 여섯 시에 일어나.

Je me réveille à six heures du matin.
즈 므 헤베이 아 씨 죄(흐) 뒤 마땡

💬 알람이 있어야 깰 수 있어요.

J'ai besoin d'une alarme pour me réveiller.
쥐 브주앙 뒨 알라흠므 뿌흐 므 헤베이에

💬 일어나기가 힘들어요.

J'ai le réveil difficile.
쥐 르 헤베이 디피씰
J'ai du mal à me lever.
쥐 뒤 말 아 므 르베

씻기

💬 손부터 씻으렴.

D'abord, lave-toi les mains.
다보, 라브뚜아 레 맹

💬 이 닦고 세수했어요.

Je me suis brossé les dents et lavé le visage.
즈 므 쒸 브호쎄 레 덩 에 라베 르 비자즈

💬 달리기를 한 후에는 샤워를 하지요.

Après avoir couru, je prends une douche.
아프해 자부아 꾸휘, 즈 프헝 윈 두슈

💬 미지근한 물로 샤워하렴.

Douche-toi à l'eau tiède.
두슈뚜아 아 로 띠애드

💬 욕조에 물을 받아 놓으려고 해요.

Je vais me faire couler un bain.
즈 베 므 페(흐) 꿀레 엉 뱅

💬 매일 아침 머리를 감아요.

Je me lave les cheveux tous les matins.
즈 므 라브 레 슈브 뚜 레 마땡

식사

💬 뭐 먹을까요?

Qu'est-ce qu'on mange ?
께스꽁 망즈?

💬 피자 시킬까요?

Si on commandait une pizza ?
씨 옹 꼬망데 윈 삐자?

💬 5분이면 식사 준비가 끝나요.

Le repas sera prêt dans cinq minutes.
르 흐빠 쓰하 프헤 당 쌩 미뉘드

💬 샐러드는 제가 이미 준비해 놓았어요.

J'ai déjà préparé une salade.
줴 데자 프헤파헤 윈 쌀라드

💬 자, 식탁에 접시 놓을게요.

Bon, je vais mettre le couvert sur la table.
봉, 즈 베 메트(흐) 르 꾸베 쒸흐 라 따블르

💬 밥 먹자!

À table !
아 따블르!

💬 주말이 아니면 아침을 먹는 일이 거의 없어요.

Je prends rarement un petit déjeuner sauf pendant les week-ends.
즈 프헝 하흐멍 엉 쁘띠 데죄네 소프 뻥당 레 위껜드

💬 배고프니?

As-tu faim ?
아뛰 팽?

💬 다 먹었니?

As-tu fini de manger ?
아뛰 피니 드 망제?

옷 입기 & 화장하기

💬 전 화장을 하고 옷 입어요.

Je me maquille puis je m'habille.
즈 므 마끼 쀠 즈 마비

💬 화장하는 데 시간이 얼마나 걸리세요?

Combien de temps mettez-vous à vous maquiller ?
꽁비엉 드 떵 메떼부 아 부 마끼에?

💬 저는 화장하는 데 시간이 오래 걸려요.

Je mets beaucoup de temps à me maquiller.
즈 메 보꾸 드 떵 아 므 마끼에

💬 레아는 푸른색 예쁜 원피스를 입었어요.

Léa porte une jolie robe bleue.
레아 뽀흐뜨 윈 졸리 호브 블르

💬 전 항상 까만 옷을 입지요.

Je m'habille toujours en noir.
즈 마비 뚜주 엉 누아

💬 제 핑크색 와이셔츠에는 어떤 넥타이를 골라야 할까요?

Quelle cravate choisir avec ma chemise rose ?
껠 크하바뜨 슈아지 아베끄 마 슈미즈 호즈?

💬 면접 때는 어떻게 입을까요?

Comment je m'habille pour un entretien d'embauche ?
꼬멍 즈 마비 뿌흐 어 넝트흐띠엉 덩보슈?

TV 보기

💬 텔레비전을 켰어요.

J'ai allumé la télévision.
쉐 알뤼메 라 뗄레비지옹

💬 텔레비전을 껐어요.

J'ai éteins la télévision.
쉐 에땡 라 뗄레비지옹

💬 텔레비전 소리는 어떻게 줄이죠?

Comment baisser le son de la télé ?
꼬멍 베쎄 르 쏭 들 라 뗄레?

💬 당신이 좋아하는 프로그램은 무엇인가요?

Quelle est votre émission préférée ?
껠 레 보트(흐) 에미씨옹 프헤페헤?

💬 리모콘 좀 주렴.

Donne-moi la télécommande.
돈무아 라 뗄레꼬망드

💬 생방송 저녁 8시 뉴스를 봐요.

Je regarde le JT de vingt heures en direct.
즈 흐갸흐드 르 지떼 드 뱅 뙤(흐) 엉 디헥

잠자리 들기

💬 자, 잘 시간이야!

Allez, au lit !
알레, 오 리!

💬 자기 싫어요.

Je ne veux pas dormir.
즈 느 브 빠 도흐미

💬 졸려요.

J'ai sommeil.
줴 쏘메이

💬 침대에 누우렴.

Allonge-toi sur ton lit.
알롱즈뚜아 쒸흐 똥 리

💬 불을 어둡게 하세요.

Éteignez les lumières.
에떼네 레 뤼미애(흐)

💬 자기 전에는 술 마시지 마세요.

Évitez de boire de l'alcool avant d'aller vous coucher.
에비떼 드 부아(흐) 드 랄꼴 아방 달레 부 꾸쉐

잠버릇

💬 저는 항상 늦게 자요.

Je me couche toujours trop tard.
즈 므 꾸슈 뚜주 트호 따흐

💬 잠들자마자 그는 코를 골기 시작했어요.

À peine endormi, il se mit à ronfler.
아 뻰 엉도흐미, 일 쓰 미 따 홍플레

💬 그 사람은 코 고는게 큰 문제예요.

Le gros problème reste ses ronflements.
르 그호 프호블램 헤스뜨 쎄 홍플르멍

💬 자려고 하면 항상 할 일이 수도 없이 떠올라요.

Au moment d'aller me coucher, je trouve toujours mille choses à faire.
오 모멍 달레 므 꾸쉐, 즈 트후브 뚜주 밀 쇼즈 아 페(흐)

💬 인형 없이는 잠을 못 자요.

Je ne peux pas dormir sans mon doudou.
즈 느 쁘 빠 도흐미 쌍 몽 두두

💬 그는 자면서 뒤척여요.

Il se tourne dans son sommeil.
일 쓰 뚜흔느 당 쏭 쏘메이

숙면

💬 우리는 푹 잘 수 있었어요.

Nous avons pu dormir profondément.
누 자봉 쀠 도흐미 프호퐁데멍

💬 주말엔 부족한 잠을 몇 시간 보충해야 해요.

Pendant le week-end, je dois récupérer quelques heures de sommeil.
뻥당 르 위껜드, 즈 두아 헤뀌뻬헤 껠끄 죄(흐) 드 쏘메이

💬 잠이 안 와요.

Je n'arrive pas à dormir.
즈 나히브 빠 자 도흐미

💬 밤에 항상 몇 번이고 잠이 깨요.

Je me réveille toujours plusieurs fois par nuit.
즈 므 헤베이 뚜주 쁠뤼지외 푸아 빠흐 뉘

💬 잠이 얕아서 작은 소리에도 잠이 깨요.

J'ai un sommeil très léger, le moindre petit bruit me réveille.
줴 엉 쏘메이 트해 레제, 르 무앙드(흐) 쁘띠 브휘 므 헤베이

💬 잘 잤는데도 피곤하네요.

Je suis fatigué(e) même si j'ai bien dormi.
즈 쒸 파띠게 멤 씨 줴 비엉 도흐미

💬 뜬눈으로 밤을 지새웠어요.

J'ai passé une nuit blanche.
쥐 빠쎄 윈 뉘 블랑슈

꿈

💬 잘 자요!

Bonne nuit !
본 뉘!

💬 모두들 잘 자요!

Bonne nuit à tous !
본 뉘 아 뚜쓰!
Bon dodo à tous ! (친한 경우)
봉 도도 아 뚜쓰!

💬 진짜 같은 악몽을 꿨어요.

J'ai fait un cauchemar qui semblait réel.
쥐 페 엉 꼬슈마 끼 썽블레 헤엘

💬 매일 밤 악몽을 꿔요.

Je fais des cauchemars toutes les nuits.
즈 페 데 꼬슈마 뚜뜨 레 뉘

💬 멋진 꿈을 꿨어요.

J'ai fait un rêve merveilleux.
쥬에 페 엉 헤브 메흐베이으

💬 해몽을 믿어도 될까요?

Faut-il croire à l'interprétation des rêves ?
포띨 크후아(흐) 아 랭떼흐프헤따씨옹 데 헤브?

Unité 2 집

MP3. C02_U02

화장실 사용

💬 화장실이 어디에 있나요?

Où sont les toilettes ?
우 쏭 레 뚜알렛뜨?

Où se trouvent les toilettes ?
우 쓰 트후브 레 뚜알렛뜨?

💬 화장실을 찾기가 어렵네요.

Il est difficile de trouver des toilettes.
일 레 디피씰 드 트후베 데 뚜알렛뜨

💬 화장실에 누구 있나요?

Il y a quelqu'un dans les toilettes ?
일 리 아 껠껑 당 레 뚜알렛뜨?

💬 전 화장실에 너무 자주 가요.

Je vais aux toilettes trop souvent.
즈 베 조 뚜알렛뜨 트호 쑤벙

💬 변기가 막혔어요.

Les WC sont bouchés.
레 두블르베쎄 쏭 부쉐

💬 세면대 꼭지가 꼈어요.
(세면대 꼭지가 꽉 껴서 안 돌아가요.)

Le robinet du lavabo est coincé.
르 호비네 뒤 라바보 에 꾸앙쎄

화장실 에티켓

💬 세면대에는 아무것도 안 버려요.

Je ne jette rien dans le lavabo.
즈 느 젯뜨 히엉 당 르 라바보

💬 화장실 변기에 아무것도 버리지 마세요.

Prière de ne rien jeter dans la cuvette des WC.
프히애(흐) 드 느 히엉 즈떼 당 라 퀴벳드 데 두불르베쎄

💬 물을 내렸어요.

J'ai tiré la chasse d'eau.
줴 띠헤 라 샤쓰 도

💬 화장실에 쓰레기, 휴지, 위생용품을 버리지 마시오.

Ne pas jeter de déchets, de serviettes en papier ou de produits hygiéniques dans les toilettes.
느 빠 즈떼 드 데쉐, 드 쎄흐비엣뜨 엉 빠삐에 우 드 프호뒤 지지에니끄 당 레 뚜알렛뜨

💬 휴지통을 이용해 주세요.

Veuillez utiliser la poubelle.
뵈이에 위띨리제 라 뿌벨

💬 침을 뱉지 않아요.

On ne crache pas.
옹 느 크하슈 빠

💬 물장난을 하지 않아요.

On ne joue pas avec l'eau.
옹 느 주 빠 아베끄 로

욕실에서

💬 욕실이 어디에 있나요?

Où est la salle de bain ?
우 에 라 쌀 드 뱅?

💬 욕조 청소를 해야 해요.

Il faut nettoyer votre baignoire.
일 포 넷뚜아이예 보트(흐) 베뇨아(흐)

💬 목욕하려고 해요.

Je vais prendre un bain.
즈 베 프헝드(흐) 엉 뱅

💬 샤워하는 데 얼마나 걸리나요?

Combien de temps restez-vous sous la douche ?
꽁비엉 드 떵 헤스떼부 수 라 두슈?

💬 전 하루에 세 번까지도 씻어요.

Je prends jusqu'à trois douches par jour.
즈 프헝 쥐스까 트후아 두슈 빠흐 주흐

거실에서

💬 거실에서 음악을 들어요.

On écoute de la musique dans le salon.
오 네꾸뜨 들 라 뮈지끄 당 르 쌀롱

💬 거실에는 소파가 하나 있어요.

Dans la salle de séjour, il y a un canapé.
당 라 쌀 드 쎄주, 일 리 아 엉 꺄나뻬

💬 거실은 가족이 화목하게 어울리기에 좋은 공간이지요.

La salle de séjour peut avoir une influence positive sur l'harmonie de la famille.
라 살 드 쎄주 쁘 따부아 윈 앵플뤼엉스 뽀지띠브 쒸흐 라흐모니 들 라 파미이

💬 거실을 리모델링하고 싶어요.

J'ai envie de réaménager ma salle de séjour.
줴 엉비 드 헤아메나제 마 쌀 드 쎄주

💬 거실에 둘 낮은 탁자를 고르기 위해 우리는 여러 매장을 비교했어요.

Pour bien choisir la table basse de notre salon, on a comparé différents magasins.
뿌흐 비엉 슈아지 라 따블르 바쓰 드 노트(흐) 쌀롱, 오 나 꽁빠헤 디페헝 마갸쟁

부엌에서

💬 크기별로 프라이팬을 정리했어요.

J'ai rangé mes poêles par ordre de taille.
줴 항제 메 뿌알 빠흐 오흐드(흐) 드 따이

💬 감자를 익혀요.

Je fais cuire les pommes de terre.
즈 페 뀌(흐) 레 뽐 드 떼(흐)

💬 그는 채소를 모두 씻고서 양파 껍질을 벗겨요.

Il lave tous les légumes puis épluche l'oignon.
일 라브 뚜 레 레귐 쀠 에쁠뤼슈 로뇽

💬 한 시간 동안 약불에 끓여요.

Je laisse bouillir à feu doux pendant une heure.

즈 레쓰 부이 아 프 두 뻥당 윈 외(흐)

💬 어떻게 하면 태운 냄비를 다시 쓸 수 있을까요?

Comment récupérer une casserole brulée ?

꼬멍 헤뀌뻬헤 윈 꺄스홀 브휠레?

💬 국자를 찾는 중이에요.

Je suis en train de chercher ma louche.

즈 쒸 정 트랭 드 쉐흐쉐 마 루슈

냉장고

💬 냉장고에 먹을 것이 있어요.

Il y a des trucs à manger dans le réfrigérateur.

일 리 아 데 트휙 아 망제 당 르 헤프히제하뙤

💬 고기를 냉장고에 넣으면 며칠 동안 보관이 가능한 가요?

Combien de jours peut-on conserver la viande au réfrigérateur ?

꽁비엉 드 주흐 쁘똥 꽁세흐베 라 비앙드 오 헤프히제하뙤?

💬 냉장고에 넣기 전 과일과 채소를 씻어야 하나요?

Faut-il laver les fruits et légumes avant de les mettre au frigo ?

포띨 라베 레 프휘 제 레귐 아방 드 레 메트(흐) 오 프히고?

💬 과일과 채소를 다 넣을 수가 없어요.

Je n'arrive pas à ranger tous les fruits et légumes.

즈 나히브 빠 아 항제 뚜 레 프휘 제 레귐

💬 성능 좋은 냉장고는 성능 나쁜 냉장고보다 전기를 서너 배 덜 소비해요.

Les réfrigérateurs les plus performants consomment jusqu'à trois à quatre fois moins que les moins performants.

레 헤프히제하뙤 레 쁠뤼 뻬흐포흐망 꽁쏨 쥐스꺄 트후아 아 꺄트(흐) 푸아 무앙 끄 레 무앙 뻬흐포흐망

요리하기

💬 고기를 해동했어요.

J'ai décongelé de la viande.
쉐 데꽁즐레 들 라 비앙드

💬 부이야베스는 두 단계에 걸쳐 준비하죠.

La bouillabaisse se prépare en deux étapes.
라 부이야베쓰 쓰 프헤빠(흐) 엉 드 제따쁘

💬 토마토는 4등분하세요.

Coupez les tomates en quartiers.
꾸뻬 레 또마뜨 엉 꺄흐띠에

💬 틀에 붓고 오븐에서 45~50분간 구우세요.

Versez dans le moule et faites cuire au four environ quarante-cinq à cinquante minutes.
베흐쎄 당 르 물 에 페뜨 뀌(흐) 오 푸흐 엉비홍 꺄항뜨쌩끄 아 쌩깡뜨 미뉘뜨

💬 가스레인지를 살피며 아주 약한 불에 30분간 졸이세요.

Laissez mijoter à feu très doux environ trente minutes tout en surveillant la cuisson.
레쎄 미조떼 아 프 트해 두 엉비홍 트헝뜨 미뉘뜨 뚜 떵 쒸흐베이앙 라 뀌쏭

💬 오븐을 210도로 예열하세요.

Préchauffez le four à deux cent dix degrés celsius.
프헤쇼페 르 푸흐 아 드 썽 디 드그헤 쎌씨위쓰

💬 버터를 실온에 녹이세요.

Faites ramollir le beurre à température ambiante.
페뜨 하몰리 르 뵈(흐) 아 떵뻬하뛰(흐) 앙비앙뜨

식탁에서

💬 맛있어 보여요.

Ça a l'air bon.
싸 아 레흐 봉

💬 맛있어요.

C'est bon.
쎄 봉

💬 정말 맛있어요.

C'est délicieux.
쎄 델리씨으

💬 엄청 배고파요.

J'ai très faim.
쥐 트해 팽
J'ai une faim de loup.
쥐 윈 팽 드 루

💬 같이 한잔했어요.

Nous avons bu un verre ensemble.
누 자봉 뷔 엉 베(흐) 엉썽블르

💬 건배!

À votre santé !
아 보트(흐) 쌍떼!

💬 살찌겠어요.

Ça fait grossir.
싸 페 그호씨

💬 저는 새 모이만큼 먹어요.

J'ai un appétit d'oiseau.
쥬 어 나뻬띠 두아조

식사 예절

💬 식탁에 앉아 있는 동안 냅킨은 무릎 위에 올려 놓아요.

Pendant qu'on est assis à table, on met sa serviette sur les genoux.
뺑당 꼬 네 따씨 아 따블르, 옹 메 싸 쎄흐비엣뜨 쒸흐 레 즈누

Dès qu'on s'assoit à table, on met sa serviette sur les genoux.
대 꽁 싸쑤아 아 따블르, 옹 메 싸 쎄흐비엣뜨 쒸흐 레 즈누

💬 스프를 먹을 때 숟가락을 입 안에 전부 넣지 마세요.

Ne mettez pas votre cuillère à soupe entièrement dans votre bouche.
느 메떼 빠 보트(흐) 뀌이애(흐) 아 수쁘 엉띠애흐멍 당 보트(흐) 부슈

💬 먹을 때는 입을 다물고, 입에 음식물이 들어가 있을 때는 말하지 않습니다.

Il convient de manger la bouche fermée et de ne pas parler la bouche pleine.
일 꽁비엉 드 망제 라 부슈 페흐메 에 드 느 빠 빠흘레 라 부슈 쁠렌

💬 칼과 수프용 숟가락은 항상 접시 오른쪽에 둡니다.

Les couteaux et cuillères à soupe se trouvent toujours à droite de l'assiette.
레 꾸또 에 뀌이애(흐) 아 쑤쁘 쓰 트후브 뚜주 아 드후아뜨 드 라씨엣뜨

💬 포크는 항상 왼쪽에 둡니다.

Les fourchettes se trouvent toujours à gauche.
레 푸흐쉣뜨 쓰 트후브 뚜주 아 고슈

💬 다 먹은 접시는 오른쪽에 두지요.

L'assiette vide est enlevée du côté droit.
라씨엣뜨 비드 에 떵르베 뒤 꼬떼 드후아

💬 식사가 끝나면 식기를 모아 접시 위에 차곡차곡 올려 놓으세요.

Quand vous avez fini de manger, posez vos couverts ensemble et parallèlement sur votre assiette.
깡 부 자베 피니 드 망제, 뽀제 보 꾸베 정썽블르 에 빠하랠르멍 쉬흐 보트(흐) 아씨엣뜨

설거지

💬 저는 설거지를 해요.

Je fais la vaisselle.
즈 페 라 베쎌

💬 설거지하는 건 항상 저예요.

C'est toujours moi qui fais la vaisselle.
쎄 뚜주 무아 끼 페 라 베쎌

💬 여보, 괜찮으면 내가 설거지하는 동안 청소기 밀어 줄래요?

Chéri(e), cela ne te dérange pas de passer l'aspirateur pendant que je fais la vaisselle ?
쉐히, 쓸라 느 뜨 데헝즈 빠 드 빠쎄 라스삐하뙤 뼁당 끄 즈 페 라 베쎌?

💬 개수대에서 설거지를 하기 전에 접시 내용물을 휴지통에 잘 비우세요.

Avant de laver la vaisselle dans l'évier, bien videz le contenu des assiettes dans la poubelle.
아방 드 라베 라 베쎌 당 레비에, 비엉 비데 르 꽁뜨뉘 데 자씨엣뜨 당 라 뿌벨

💬 식기세척기를 쓰는 게 낫겠어요.

C'est mieux d'utiliser le lave-vaisselle.
쎄 미으 뒤띨리제 르 라브베쎌

💬 식기세척기에 물이 안 나와요.

Il n'y a pas d'eau qui sort de mon lave-vaisselle.
일 니 아 빠 도 끼 쏘흐 드 몽 라브베쎌

위생

💬 우리 남편은 위생 관념이 없어요.

Mon mari manque d'hygiène.
몽 마히 망끄 디지앤

💬 당신은 위생에 집착하나요?

Êtes-vous un maniaque de l'hygiène ?
에뜨부 엉 마니아끄 드 리지앤?

💬 여성은 남성보다 위생 문제에 더 민감해요.

Les femmes sont davantage sensibles que les hommes aux questions d'hygiène.
레 팜므 쏭 다방따즈 썽씨블르 끄 레 좀므 오 께스띠옹 디지앤

💬 그는 아주 더러운 곳에 살아요.

Il vit dans un lieu très sale.
일 비 당 정 리으 트해 쌀

💬 일주일에 몇 번 씻나요?

Combien de fois par semaine vous lavez-vous ?

꽁비엉 드 푸아 빠흐 쓰멘 부 라베부?

💬 어떻게 하면 사무실을 청결하게 유지할 수 있을까요?

Comment puis-je garder mon bureau propre ?

꼬멍 쀠즈 갸흐데 몽 뷔호 프호프(흐)?

청소

💬 나는 일요일마다 방을 청소해요.

Chaque dimanche, je nettoie ma chambre.

샤끄 디멍슈, 즈 넷뚜아 마 샹브(흐)

💬 청소기를 돌리는 중입니다.

Je suis en train de passer l'aspirateur.

즈 쒸 정 트랭 드 빠쎄 라스삐하뙤

121

💬 먼지를 털었어요.

J'ai essuyé la poussière.
쮀 에쒸이예 라 뿌씨애(흐)

💬 아내는 집을 치워요.

Ma femme nettoie la maison.
마 팜 넷뚜아 라 메종

💬 네 방을 정리해야지.

Tu dois ranger ta chambre.
뛰 두아 항제 따 샹브(흐)

💬 그는 휴지통을 비워요.

Il vide la poubelle.
일 비드 라 뿌벨

💬 자기 집 문 앞 눈을 쓸어야 해요.

Il faut balayer la neige devant sa porte.
일 포 발레이예 라 네즈 드방 싸 뽀흐뜨

분리수거

💬 일반 개인도 분리수거를 의무적으로 해야 하나요?

Les particuliers ont-ils l'obligation d'effectuer le tri sélectif ?

레 빠흐띠뀔리에 옹띨 로블리갸씨옹 데펙뛰에 르 트히 쎌렉띠프?

💬 분리수거하기 전에 용기를 헹구어야 하나요?

Faut-il rincer les contenants avant de les trier ?

포띨 행쎄 레 꽁뜨낭 아방 드 레 트히에?

💬 용기를 잘 비워야 다른 쓰레기가 더러워지지 않아요.

Il suffit de bien les vider pour éviter qu'ils ne salissent les autres déchets.

일 쒸피 드 비엉 레 비데 뿌흐 에비떼 낄 느 쌀리쓰 레 조트(흐) 데쉐

💬 유리는 험하게 처리하기 때문에 별도로 분류해요.

Le verre est collecté à part car il est traité de manière brute.
르 베(흐) 에 꼴렉떼 아 빠흐 꺄흐 일 레 트헤떼 드 마니애(흐) 브휘뜨

💬 계란 상자는 어디에 버리나요?

Où jeter les boîtes d'œufs ?
우 즈떼 레 부아뜨 드?

세탁

💬 우리는 빨래를 해요.

On fait la lessive.
옹 페 라 레씨브

💬 세탁기가 더 이상 작동을 안 해요.

Ma machine à laver ne fonctionne plus.
마 마쉰 아 라베 느 퐁씨온 쁠뤼스

💬 창문에 빨래를 널면 안 돼요.

Il est interdit d'étendre le linge aux fenêtres.
일 레 땡떼흐디 데떵드(흐) 르 랭즈 오 프네트(흐)

💬 그는 바지를 다리는 중이에요.

Il est en train de repasser un pantalon.
일 레 떵 트랭 드 흐빠쎄 엉 빵딸롱

💬 세탁물을 세탁소에 보냈죠.

J'envoie du linge au blanchissage.
정부아 뒤 랭즈 오 블랑쉬싸즈
J'envoie du linge au pressing.
정부아 뒤 랭즈 오 프헤씽

💬 셔츠를 어떻게 개나요?

Comment plier la chemise ?
꼬멍 플리에 라 슈미즈?

집 꾸미기

💬 저는 실내 인테리어에 관심이 많아요.

Je m'intéresse à la décoration d'intérieur.
즈 맹떼헤쓰 알 라 데꼬하씨옹 댕떼히외

💬 아이들을 위해 침대 서랍을 구입했어요.

J'ai acheté un tiroir pour le lit de mes enfants.
줴 아슈떼 엉 띠후아 뿌흐 르 리 드 메 정팡

💬 정원을 관리하려면 전문가의 조언이 필요해요.

Il a besoin des conseils d'un expert pour aménager son jardin.
일 라 브주앙 데 꽁쎄이 덩 엑스페 뿌흐 아메나제 쏭 자흐댕

💬 제 방에 달 녹색 커튼을 샀어요.

J'ai acheté des rideaux verts pour mettre dans ma chambre.
줴 아슈떼 데 히도 베흐 뿌흐 메트(흐) 당 마 샹브(흐)

💬 이 벽에 어울리는 색깔이 뭐가 있을까요?

Quelle couleur irait bien sur ce mur ?
껠 꿀뢰 이헤 비엉 쒸흐 쓰 뮈흐?

💬 선반 수리할 때 드라이버 필요하니?

As-tu besoin d'un tournevis pour fixer l'étagère ?
아뛰 브주앙 덩 뚜흔느비 뿌흐 픽쎄 레따재(흐)?

Unité 3 운전&교통

운전

💬 운전 법규를 지켜야 해요.

Il faut respecter le code de la route.
일 포 헤스뻭떼 르 꼬드 들 라 후뜨

💬 우측통행이에요.

La circulation se fait à droite.
라 씨흐뀔라씨옹 쓰 페 따 드후아뜨

💬 안전벨트 착용은 의무입니다.

La ceinture de sécurité est obligatoire.
라 쌩뛰(흐) 드 쎄뀌히떼 에 또블리갸뚜아(흐)

💬 오토바이를 탈 때는 헬멧 착용이 의무입니다.

Pour les motos, le port du casque est obligatoire.
뿌흐 레 모또, 르 뽀흐 뒤 꺄스끄 에 또블리갸뚜아(흐)

💬 경적을 울리면 안 돼요.

L'usage du klaxon est interdit.
뤼자즈 뒤 끌락손 에 땡떼흐디

💬 버스 전용차로에서는 운행이 금지됩니다.

Il est interdit d'utiliser les couloirs de bus.
일 레 땡떼흐디 뒤띨리제 레 꿀루아 드 뷔쓰

💬 자동차를 도둑맞았어요.

Ma voiture a été volée.
마 부아뛰(흐) 아 에떼 볼레

💬 두 자동차 사이에 사고가 있었어요.

Il y a eu un accident entre deux voitures.
일 리 아 위 어 낙씨덩 엉트(흐) 드 부아뛰(흐)

💬 차들이 길을 가로막았어요.

Les voitures ont bloqué la route.
레 부아뛰(흐) 옹 블로께 라 후뜨

💬 눈이 오면 도로에서 사고 위험이 높아져요.

La neige augmente les risques d'accidents sur la route.
라 네즈 오그멍뜨 레 히스끄 닥씨덩 쒸흐 라 후뜨

💬 규정 속도를 지키세요.

Prenez garde à la limitation de vitesse.
프흐네 갸흐드 알 라 리미따씨옹 드 비떼쓰

주차

💬 제 차는 집 맞은편에 주차했어요.

Ma voiture est garée en face de la maison.
마 부아뛰(흐) 에 갸헤 엉 파스 들 라 메종

💬 주차 공간은 터미널에서 가장 가까운 곳에 있어요.

Les espaces parking sont situés au plus près des terminaux.
레 제스빠쓰 빠흐낑 쏭 씨뛰에 오 쁠뤼 프해 데 떼흐미노

💬 주차 금지 (표지판)

Défense de stationner
데펑쓰 드 스따씨오네

💬 파리에서는 어디에 주차할 수 있나요?

Où peut-on se garer dans Paris ?
우 쁘똥 쓰 갸헤 당 빠히?

💬 운전자가 잘못 주차했어요.

Le conducteur s'est mal stationné.
르 꽁뒥뙤 쎄 말 스따씨오네

💬 만차입니다.

Le parking est complet.
르 빠흐낑 에 꽁쁠레

💬 제 차는 주차장에 두었어요.

J'ai mis ma voiture au parking.
줴 미 마 부아뛰(흐) 오 빠흐낑

교통체증

💬 리옹의 교통체증을 피하려면 어떻게 해야 할까요?

Comment éviter les bouchons à Lyon ?
꼬멍 에비떼 레 부숑 아 리옹?

💬 파리 외곽순환도로로 이어지는 6번 고속도로와 118번 국도는 가장 혼잡한 도로입니다.

L'A6(six) et la N118(cent dix-huit) sont les axes menant au périphérique qui sont les plus encombrés.
라씨스 에 라 엔썽디즈위뜨 쏭 레 작쓰 므넝 오 뻬히페히끄 끼 쏭 레 쁠뤼 정꽁브헤

💬 브뤼셀은 유럽에서 교통체증이 가장 심한 도시이지요.

Bruxelles est la ville la plus embouteillée d'Europe.
브휘쎌 에 라 빌 라 쁠뤼 정부때이에 드호쁘

💬 혼잡한 시간에 연달아 사고가 나서 차가 막혀요.

Une série d'accidents ayant eu lieu à l'heure de pointe a causé des ralentissements.
윈 쎄히 닥씨덩 에이양 위 리으 아 뢰(흐) 드 뿌앙뜨 아 꼬제 데 할렁띠쓰멍

💬 길이 꽉 막혔어요.

Il y a beaucoup de circulation.
일 리 아 보꾸 드 씨흐뀔라씨옹
Il y a beaucoup de trafic.
일 리 아 보꾸 드 트하픽끄

교통 규정 위반

💬 그들은 빨간 신호등을 그냥 지나갑니다.

Ils brûlent le feu rouge.
일 브휠 르 프 후즈

💬 장은 과속 운전을 해요.

Jean roule vite.
정 훌 비뜨

💬 레아는 음주 운전을 해요.

Léa conduit en état d'ivresse.
레아 꽁뒤 어 네따 디브헤쓰

💬 도심에서 속력은 시속 50㎞ 이내로 제한됩니다.

En agglomération, la vitesse est restreinte à cinquante kilomètres par heure.
어 나글로메하씨옹, 라 비떼쓰 에 헤스트행뜨 아 쌩껑뜨 낄로매트(흐) 빠흐 외(흐)

💬 운전 중 전화를 하다가 벌금을 부과받았어요.

J'ai reçu une amende pour avoir conduit en téléphonant.
줴 흐쒸 윈 아멍드 뿌흐 아부아 꽁뒤 엉 뗄레포넝

💬 뺑소니 범죄가 점점 늘어나네요.

Les délits de fuite augmentent de plus en plus.
레 델리 드 휘뜨 오그멍뜨 드 쁠뤼 정 쁠뤼쓰

💬 그는 화요일 밤 11시에 검문을 당했어요.

Il a été interpellé mardi soir à vingt-trois heures.
일 라 에떼 앵떼흐뻴레 마흐디 쑤아 아 뱅트후아 죄(흐)

지하철

💬 다음 지하철역은 어디인가요?

Où se trouve la prochaine station de métro ?
우 쓰 트후브 라 프호쉔느 스따씨옹 드 메트호?

💬 몽파르나스-비앙브뉘 역보다 라스파이 역에서 환승하는 것이 나아요.

Il vaut mieux changer à Raspail plutôt qu'à Montparnasse-Bienvenüe.
일 보 미으 샹제 아 하스파이 쁠뤼또 까

몽빠흐나쓰비엉브뉘

💬 라데팡스 역에 가실 때는 T+ 티켓 한 장으로 1호선을 타시는 게 나아요.

Si vous souhaitez aller à La Défense prenez plutôt le métro ligne une avec un ticket t plus.
씨 부 쑤에떼 알레 알 라 데펑쓰 프흐네 쁠뤼또 르

메트호 린뉴 윈 아베끄 엉 띠께 떼 쁠뤼스

💬 T+ 티켓은 1시간 30분 동안 지하철 간 환승이 가능해요.

Le ticket t plus permet les correspondances entre métro pendant une heure trente.
르 띠께 떼 쁠뤼스 뻬흐메 레 꼬헤스뽕당쓰 엉뜨(흐) 메트호 뻥당 윈 외(흐) 트헝뜨

💬 티켓은 파리 내 수도권 급행 열차 전체에서 사용 가능해요.

Le ticket est valable sur la totalité des réseaux RER dans Paris.
르 띠께 에 발라블르 쒸흐 라 또딸리떼 데 헤조 에흐으에흐 당 빠히

Unité 4 이사   MP3. C02_U04

부동산 집 구하기

💬 내놓으신 아파트를 보러 왔어요.

Je viens visiter l'appartement que vous louez.
즈 비엉 비지떼 라빠흐뜨멍 끄 부 루에

💬 학생들에게 적합한 매물이에요.

La location de studio est pleinement adaptée aux étudiants.
라 로꺄씨옹 드 스뛰디오 에 쁠랜느멍 따답떼 오 제뛰디앙

💬 작은 원룸은 엘리베이터가 있는 7층으로 관리인이 있어요.

La studette est au sixième étage avec ascenseur dans un immeuble sécurisé avec gardien.
라 스뛰뎃뜨 에 또 씨지앰 에따즈 아베끄 아썽쐬 당 정 이뫼블르 쎄뀌히제 아베끄 갸흐디엉

💬 원룸은 에펠탑 근처에 있습니다.

Le studio est situé près de la tour Eiffel.
르 스뛰디오 에 씨뛰에 프해 들 라 뚜흐 에펠

💬 이 집에 관심이 있어요.

Je suis intéressé(e) par ce logement.
즈 쒸 쟁떼헤쎄 빠흐 쓰 로즈멍

💬 방문해 보고 싶어요.

Je souhaiterais visiter.
즈 수에뜨헤 비지떼

부동산 조건 보기

💬 월세는 얼마인가요?

Combien coûte le loyer mensuel ?
꽁비엉 꾸뜨 르 루아이에 멍쒸엘?

💬 공과금을 포함해 1000유로입니다.

C'est mille euros, charges comprises.
쎄 밀 으호, 샤흐즈 꽁프히즈

💬 보증금을 요구하시나요?

Exigez-vous une caution ?
에그지제부 윈 꼬씨옹?

💬 집세는 언제 내야 하나요?

Quand le loyer doit-il être payé ?
깡 르 루아이예 두아띨 에트(흐) 뻬이예?

💬 매월 1일마다 선불하셔야 합니다.

Il doit être payé en avance, le premier de chaque mois.
일 두아 에트(흐) 뻬이예 어 나방쓰, 르 프흐미에 드 샤끄 무아

💬 가구가 구비되어 있나요?

Est-ce un appartement meublé ?
에쓰 어 나빠흐뜨멍 뫼블레?

💬 모든 주거 설비를 갖추고 있습니다.

Il est complètement meublé.
일 레 꽁쁠래뜨멍 뫼블레

부동산 계약하기

💬 보증인은 어떻게 찾나요?

Comment trouver un garant ?
꼬멍 트후베 엉 갸항?

💬 보증인이 임대 계약에 서명해 주지 않았어요.

Le garant a refusé de signer le bail.
르 갸항 아 흐퓌제 드 씨녜 르 바이

💬 임대 계약은 어떻게 성립되나요?

Comment établir un contrat de location ?
꼬멍 에따블리 엉 꽁트하 드 로꺄씨옹?

Comment établir le bail ?
꼬멍 에따블리 르 바이?

💬 임대 계약을 맺었어요.

J'ai signé un bail.
줴 씨녜 엉 바이

💬 집주인이 더는 집을 안 빌려줘요.

Le propriétaire ne veut plus louer.
르 프호프히에떼(흐) 느 브 쁠뤼 루에

💬 임대 계약을 취소했어요.

J'ai résilié un bail.
쥬 헤질리에 엉 바이

💬 가구가 없는 집의 경우 최소 계약 기간은 보통 3년이에요.

Pour un logement vide, la durée minimale de contrat est normalement de trois ans.
뿌흐 엉 로즈멍 비드, 라 뒤헤 미니말 드 꽁트하 에 노흐말멍 드 트후아 장

이사 계획

💬 새로운 집을 찾았어요.

J'ai trouvé un nouveau logement.
쥬 트후베 엉 누보 로즈멍

💬 곧 이사해요.

Je vais bientôt déménager.
즈 베 비엉또 데메나제

💬 파리로 이사 가요.

J'emménage à Paris.
정메나즈 아 빠히

💬 체류증을 변경했어요.

J'ai fait modifier ma carte de séjour.
쥬 페 모디피에 마 꺄흐뜨 드 쎄주

💬 보험 회사에 이사를 알렸어요.

J'ai informé les compagnies d'assurance de mon déménagement.
쥬 앵포흐메 레 꽁빠뉴 다쒸항쓰 드 몽 데메나즈멍

💬 인터넷 계약을 해지해야 해요.

Vous devez résilier votre contrat d'abonnement internet.
부 드베 헤질리에 보트(흐) 꽁트하 다본느멍
땡떼흐네뜨

💬 새로운 도시로 이사를 가면 아이 학교도 옮겨야만 하나요?

Un enfant qui déménage dans une nouvelle ville doit-il changer d'école ?
어 넝펑 끼 데메나즈 당 쥔 누벨 빌 두아띨 샹제 데꼴?

짐 싸기

💬 짐 다 쌌나요?

Tout est-il emballé ?
뚜 떼띨 엉발레?

💬 깨지기 쉬운 물건은 잘 포장했나요?

Les objets fragiles sont-ils bien protégés ?
레 조브제 프하질 쏭띨 비엉 프호떼제?

💬 가구는 어떻게 하나요?

Comment faire avec les meubles ?
꼬멍 페(흐) 아베끄 레 뫼블르?

💬 상자를 쌓아 놓았어요.

On a empilé les cartons.
오 나 엉삘레 레 꺄흐똥

💬 새 주소로 식기와 전등을 보낼 수 있었어요.

J'ai pu envoyer la vaisselle et les lampes à la nouvelle adresse.
줴 쀠 엉부아이예 라 베쎌 에 레 랑쁘 알 라 누벨 아드헤쓰

이사 비용

💬 이삿짐 업체는 어떻게 고르나요?

Comment choisir le déménageur ?
꼬멍 슈아지 르 데메나죄?

💬 옮기는 집기 양에 따라 가격은 달라집니다.

Le prix est variable en fonction du volume de mobilier à déménager.
르 프히 에 바히아블르 엉 퐁씨옹 뒤 볼륌 드 모빌리에 아 데메나제

💬 이사가 걱정이에요.

Je m'inquiète pour le déménagement.
즈 맹끼애뜨 뿌흐 르 데메나즈멍

💬 그는 저렴한 예산에 꼭 맞는 가격을 제안했어요.

Il a proposé des offres réellement adaptées aux petits budgets.
일 라 프호뽀제 데 조프(흐) 헤엘멍 따답떼 조 쁘띠 뷧제

💬 이사 관련 비용은 얼마나 들어요?

Combien coûtent les frais liés au déménagement ?
꽁비엉 꾸뜨 레 프헤 리에 오 데메나즈멍?

정리

💬 오늘이 이삿날이에요.

C'est aujourd'hui le jour du déménagement.
쎄 또주흐뒤 르 주흐 뒤 데메나즈멍

💬 물건 정리할 자리가 없나요?

Vous manquez de place pour ranger vos affaires ?
부 망께 드 쁠라쓰 뿌흐 헝제 보 자페(흐)?

💬 상자를 오늘 다 풀려고 하지 마세요.

Ne tentez pas de défaire les cartons aujourd'hui.
느 떵떼 빠 드 데페(흐) 레 꺄흐통 오주흐뒤

💬 이사가 끝나면 일단 쉬세요.

Détendez-vous une fois le déménagement terminé.
데떵데부 윈 푸아 르 데메나즈멍 떼흐미네

💬 우린 집들이를 했어요.

On a fêté notre installation.
오 나 페떼 노트(흐) 앵스딸라씨옹
On a pendu la crémaillère.
오 나 뻥뒤 라 크헤마이애(흐)

💬 여전히 정리 중이에요.

On est encore en train de faire du rangement.
오 네 떵꼬(흐) 엉 트행 드 페(흐) 뒤 항즈멍

Unité 5 전화

MP3. C02_U05

전화를 걸 때

💬 여보세요!

Allô !
알로!
Bonjour !
봉주!
Bonsoir !
봉쑤아!

💬 엘렌이야.

C'est Hélène.
쎄 엘랜
Hélène à l'appareil.
엘랜 아 라빠헤이

💬 롤라와 통화하고 싶어요.

Je voudrais parler à Lola.
즈 부드헤 빠흘레 아 롤라

💬 이 선생님과 통화할 수 있을까요?

Pourrais-je parler à M. Lee, s'il vous plaît ?
뿌헤즈 빠흘레 아 므씨으 리, 씰 부 쁠레?

147

💬 저는 애플사 뒤퐁 과장님의 비서입니다.

Je suis le (la) secrétaire de monsieur
Dupont, directeur de la Société Apple.
즈 쒸 르 (라) 쓰크헤떼(흐) 드 므씨으 뒤뽕, 디헥뙤 들
라 쏘씨에떼 아쁠

전화를 받을 때

💬 여보세요!

Allô !
알로!
Bonjour !
봉주!
Bonsoir !
봉쑤아!

💬 누구세요?

Qui est à l'appareil ?
끼 에 따 라빠헤이?
À qui ai-je l'honneur ?
아 끼 에즈 로뇌?

💬 여행사의 페르난데즈입니다.

C'est Monsieur Fernandez de l'agence de voyage.
쎄 므씨으 페흐낭데즈 드 라정쓰 드 부아이야즈

💬 삼성의 텔리에입니다.

Je suis M. Tellier de la société Samsung.
즈 쒸 므씨으 뗄리에 들 라 쏘씨에떼 쌈썽

💬 씨엘 부동산입니다. 안녕하세요.

Ciel immobilier, bonjour.
씨엘 이모빌리에, 봉주

💬 들리세요?

Vous m'entendez ?
부 멍떵데?

💬 잘 안 들려요.

Je vous entends mal.
즈 부 정떵 말

전화를 바꿔 줄 때

💬 끊지 마세요!

Ne quittez pas !
느 낏떼 빠!
Veuillez rester en ligne !
뵈이에 헤스떼 엉 린뉴!
Un instant, s'il vous plaît !
어 냉스떵, 씰 부 쁠레!
Veuillez patienter !
뵈이에 빠씨엉떼!
Ne coupez pas !
느 꾸뻬 빠!

💬 기다려 주시겠어요?

Voulez-vous patienter ?
불레부 빠씨엉떼?

💬 어느 회사의 누구세요?

C'est de la part de qui ?
쎄 들 라 빠흐 드 끼?

💬 김 선생님 바꿔 주시겠어요?

Est-ce que je pourrais parler à M. Kim ?
에스끄 즈 뿌헤 빠흘레 아 므씨으 낌?

Pourriez-vous me passer M. Kim ?
뿌히에부 므 빠쎄 므씨으 낌?

💬 네 엄마 다시 바꿔 줄게.

Je te repasse ta mère.
즈 뜨 흐빠쓰 따 매(흐)

💬 잠시만요, 연결해 드릴게요.

Un moment, s'il vous plaît, je vous le (la) passe.
엉 모멍, 씰 부 쁠레, 즈 부 르 (라) 빠쓰

다시 전화한다고 할 때

💬 다시 전화할게요.

Je rappellerai plus tard.
즈 하뻴르헤 쁠뤼 따흐
Je te rappelle.
즈 뜨 하뻴

💬 5분 내로 다시 전화해 주세요.

Veuillez rappeler dans 5 minutes.
뵈이에 하쁠레 당 쌩끄 미뉘뜨

💬 잠시 후에 다시 전화 주시겠어요?

Voulez-vous me rappeler plus tard ?
(전화를 한 사람이 요청하는 경우)

불레부 므 하쁠레 쁠뤼 따흐?
Pouvez-vous me rappeler plus tard ?
(전화를 받은 사람이 요청하는 경우)

뿌베부 므 하쁠레 쁠뤼 따흐?
Vous pouvez rappeler un peu plus tard ?

부 뿌베 하쁠레 엉 쁘 쁠뤼 따흐?
Pouvez-vous rappeler plus tard ?

뿌베부 하쁠레 쁠뤼 따흐?
Voulez-vous rappeler un peu plus tard ?

불레부 하쁠레 엉 쁘 쁠뤼 따흐?

💬 제게 다시 전화해 달라고 그에게 전해 주시겠어요?

Pouvez-vous lui demander de me rappeler, s'il vous plaît ?

뿌베부 뤼 드망데 드 므 하쁠레, 실 부 쁠레?

전화를 받을 수 없을 때

💬 통화 중이에요.

La ligne est occupée.
라 린뉴 에 또뀌뻬
J'ai quelqu'un en ligne.
줴 껠껑 엉 린뉴
J'ai un autre appel. (통화대기가 가능한 경우)
줴 어 노트(흐) 아뻴

💬 죄송하지만 통화 중입니다.

Je regrette mais la ligne est occupée.
즈 흐그헷뜨 메 라 린뉴 에 또뀌뻬

💬 죄송하지만 현재 연결을 해 드릴 수 없네요.

Je regrette de ne pouvoir donner suite à votre appel.
즈 흐그헷뜨 드 느 뿌부아 도네 쒸뜨 아 보트(흐) 아뻴

💬 안느는 지금 없어요.

Anne est absente pour le moment.
안느 에 땁썽뜨 뿌흐 르 모멍

💬 폴은 회의 중이에요.

Paul est en réunion.
뽈 에 떵 헤위니옹

💬 죄송하지만 잘 들리지 않아요.

Excusez-moi, je ne vous entends pas bien.
엑스뀌제무아, 즈 느 부 정떵 빠 비엉
Pardon mais je ne capte pas bien.
빠흐동 메 즈 느 깝뜨 빠 삐엉

💬 소리가 잘 안 들리네요.

Le son est faible.
르 쏭 에 페블르

전화 메모 남기기

💬 메시지를 전해 주시겠어요?

Pourriez-vous lui laisser un message ?
뿌히에부 뤼 레쎄 엉 메싸즈?
Pourriez-vous lui transmettre un message ?
뿌히에부 뤼 트항쓰메트(흐) 엉 메싸즈?

Puis-je lui laisser un message ?
뿨즈 뤼 레쎄 엉 메싸즈?

Puis-je lui transmettre un message ?
뿨즈 뤼 트헝스메트(흐) 엉 메싸즈?

💬 메시지를 남기시겠어요?

Vous désirez laisser un message ?
부 데지헤 레쎄 엉 메싸즈?

💬 남기실 메시지는 무엇인가요?

Quel est le message ?
껠 레 르 메싸즈?

💬 제가 전화했다고 전해 주시겠어요?

Pourriez-vous lui dire que j'ai appelé ?
뿌히에부 뤼 디(흐) 끄 줴 아뻴레?

💬 06 06 00 00 00번으로 제게 전화해 달라고 말씀해 주시겠어요?

Pourriez-vous lui dire de m'appeler au 06 06 00 00 00 ?
뿌히에부 뤼 디(흐) 드 마뻴레 오 제호씨쓰 제호씨쓰 제호제호 제호제호 제호제호?

💬 텔리에 씨께 제가 10분 정도 늦을 것 같다고 전해 주시겠어요?

Pouvez-vous dire à M. Tellier que je serai en retard de dix minutes environ ?
뿌베부 디(흐) 아 므씨으 뗄리에 끄 즈 쓰헤 엉 흐따 드 디 미뉘뜨 엉비홍?

잘못 걸려 온 전화

💬 죄송합니다. 전화를 잘못 걸었어요.

Excusez-moi, j'ai dû faire un mauvais numéro.
엑스뀌제무아, 쥌 뒤 페(흐) 엉 모베 뉘메호
Je suis désolé(e), j'ai fait un mauvais numéro.
즈 쒸 데졸레, 쥌 페 엉 모베 뉘메호

💬 죄송합니다. 헷갈렸네요.

Excusez-moi, je me suis trompé.
엑스뀌제무아 즈 므 쒸 트홍뻬

💬 전화 잘못 거신 것 같습니다.

Je pense que vous faites erreur.
즈 뻥쓰 끄 부 페뜨 에회

💬 번호 잘못 누르셨네요.

Vous avez composé un mauvais numéro.
부 자베 꽁뽀제 엉 모베 뉘메호

💬 실례지만 전화번호를 헷갈리셨어요.

Je regrette mais vous vous êtes trompé de numéro.
즈 흐그헷뜨 메 부 부 제뜨 트홍뻬 드 뉘메호

💬 저는 06 98 33 24 34번이 아닙니다.

Non, je ne suis pas le zéro six quatre-ving-dix-huit trente-trois vingt-quatre trente-quatre.
농, 즈 느 쒸 빠 르 제호 씨쓰 꺄트(흐)뱅디즈위뜨 트헝뜨트후아 뱅꺄트(흐) 트헝뜨꺄트(흐)

전화를 끊을 때

💬 끊어야겠네요.

Il faut que je vous laisse.
일 포 끄 즈 부 레쓰

💬 전화 끊어.

Raccroche le téléphone.
하크호슈 르 뗄레폰

💬 그가 이야기 도중에 전화를 끊어 버렸어요.

Il a raccroché au nez.
일 라 하크호쉐 오 네

💬 안녕히 계세요.

Au revoir.
오 흐부아

💬 안녕.

Ciao. (친한 사이인 경우)
챠오

💬 다음에 봐요.

À plus tard.
아 쁠뤼 따흐

💬 조금 급하니까 최대한 빨리 전화해 달라고 전해 주세요.

C'est assez urgent. Dites-lui de me rappeler le plus vite possible.
쎄 따쎄 위흐정. 디뜨뤼 드 므 하쁠레 르 쁠뤼 비뜨 뽀씨블르

💬 잘 알겠습니다.

Bien entendu.
비어 넝떵뒤
D'accord.
다꼬

전화 기타

💬 일본에 전화하는데 얼마가 들까요?

Combien ça coûte pour appeler au Japon ?
꽁비엉 싸 꾸뜨 뿌흐 아쁠레 오 자뽕?

💬 독일에 전화하려면 49를 눌러야 해요.

Pour appeler en Allemagne, il faut composer le 49.
뿌흐 아쁠레 엉 알마뉴, 일 포 꽁뽀제 르 꺄헝드뇌프

💬 위급한 경우엔 몇 번으로 전화해야 하죠?

En cas d'urgence, quel numéro faut-il appeler ?
엉 꺄 뒤흐졍쓰, 껠 뉘메호 포띨 아쁠레?

💬 휴대 전화가 꺼졌어요.

Mon portable s'est éteint.
몽 뽀흐따블르 쎄 떼땡

💬 휴대 전화를 충전해야겠어요.

Il faut que je recharge mon portable.
일 포 끄 즈 흐샤흐즈 몽 뽀흐따블르

💬 휴대 전화 좀 빌릴 수 있을까요?

Est-ce que je peux me servir de votre portable ?
에스끄 즈 쁘 므 쎄흐비 드 보트(흐) 뽀흐따블르?

Chapitre 03
정겨운 말 한마디!

Unité 1 **날씨&계절**
Unité 2 **명절&기념일**
Unité 3 **음주**
Unité 4 **흡연**
Unité 5 **취미**

Unité 1 날씨 & 계절

날씨 묻기

💬 오늘 날씨 어때요?

Quel temps fait-il aujourd'hui ?
껠 떵 페띨 오주흐뒤?

💬 그곳 날씨는 어떤가요?

Quel temps fait-il là-bas ?
껠 떵 페띨 라바?

💬 내일 날씨는 어떨까요?

Quel temps fera-t-il demain ?
껠 떵 프하띨 드맹?

💬 오늘 기온이 몇 도예요?

Quelle température fait-il aujourd'hui ?
껠 떵뻬하뛰(흐) 페띨 오주흐뒤?

💬 어떤 날씨를 좋아하세요?

Quel temps aimez-vous ?
껠 떵 에메부?

💬 언제까지 이런 날씨가 계속될까요?

Jusqu'à quand ce temps va-t-il durer ?
쥐스꺄 깡 쓰 떵 바띨 뒤헤?

Quand est-ce que ce temps va changer ?
깡 떼스끄 쓰 떵 바 샹제?

💬 어제보다 날씨가 좋아졌죠?

Il fait plus beau qu'hier, non ?
일 페 쁠뤼쓰 보 끼에, 농?

일기 예보

💬 오늘 일기 예보 확인했어요?

Avez-vous vu la météo pour aujourd'hui ?
아베부 뷔 라 메떼오 뿌흐 오주흐뒤?

💬 일기 예보에서 내일 날씨가 흐릴 거래요.

La météo prévoit qu'il fera gris demain.
라 메떼오 프헤부아 낄 프하 그히 드맹

💬 주말 일기 예보는 어때요?

Que dit la météo pour ce week-end ?
끄 디 라 메떼오 뿌흐 쓰 위껜드?
Quel temps est prévu pour ce week-end ?
껠 떵 에 브헤뷔 뿌흐 쓰 위껜드?

💬 주말 일기 예보를 미리 확인해 보세요.

Vérifiez à l'avance la météo pour ce week-end.
베히피에 아 라방쓰 라 메떼오 뿌흐 쓰 위껜드

💬 일기 예보가 또 틀렸어요.

La météo s'est encore trompée.
라 메떼오 쎄 떵꼬(흐) 트홍뻬
La météo a encore commis une erreur.
라 메떼오 아 엉꼬(흐) 꼬미 윈 에회

맑은 날

💬 오늘 날씨 정말 좋네요!

Il fait très beau aujourd'hui !
일 페 트해 보 오주흐뒤!
Il fait un temps magnifique aujourd'hui !
일 페 엉 떵 마뉘피끄 오주흐뒤!

💬 날씨가 맑아요.

Il fait clair.
일 페 끌레

💬 햇볕이 참 좋아요.

Il y a beaucoup de soleil.
일 리 아 보꾸 드 쏠레이

💬 요즘은 날씨가 좋아요.

Il fait beau ces jours-ci.
일 페 보 세 주흐씨

💬 하늘에 구름 한 점 없어요.

Il n'y a pas un seul nuage dans le ciel.
일 니 아 빠 정 쐴 뉘아즈 당 르 씨엘

💬 항상 이렇게 맑은 날씨면 좋겠어요.

Ce serait bien s'il faisait toujours aussi beau.
쓰 쓰헤 비엉 씰 프제 뚜주 오씨 보

💬 외출하기 좋은 날씨예요.

C'est un beau temps pour sortir.
쎄 떵 보 떵 뿌흐 쏘흐띠
C'est un temps parfait pour sortir.
쎄 떵 떵 빠흐페 뿌흐 쏘흐띠

흐린 날

💬 오늘은 날이 흐리네요.

Il fait gris aujourd'hui.
일 페 그히 오주흐뒤
Il fait mauvais aujourd'hui.
일 페 모베 오주흐뒤

💬 날이 흐려졌어요.

Le ciel se couvre.
르 씨엘 쓰 꾸브(흐)
Le temps se gâte.
르 떵 쓰 갸뜨

💬 구름이 많이 꼈어요.

Le ciel est chargé de nuages.
르 씨엘 에 샤흐제 드 뉘아즈

💬 비가 올 것 같아요.

Le temps est à la pluie.
르 떵 에 딸 라 쁠뤼
Il va pleuvoir.
일 바 쁠르부아

💬 날씨가 변덕이 심해요.

C'est un temps capricieux.
쎄 떵 떵 꺄프히씨으
Quel temps capricieux !
껠 떵 꺄프히씨으!
Le temps n'arrête pas de changer.
르 떵 나해뜨 빠 드 샹제
Le temps n'est pas stable.
르 떵 네 빠 스따블르

비오는 날

💬 밖에 비가 와요.

Il pleut dehors.
일 쁠르 드오

💬 빗방울이 떨어지기 시작했어요.

Des gouttes de pluie commencent à tomber.
데 굿뜨 드 쁠뤼 꼬멍쓰 아 똥베

💬 비가 올 것 같으니 우산 가져가세요.

Prenez un parapluie parce qu'il va pleuvoir.
프흐네 엉 빠하쁠리 빠흐쓰 낄 바 쁠르부아

💬 비가 억수같이 쏟아져요.

Il pleut très fort.
일 쁠르 트해 포흐
Il pleut à verse.
일 쁠르 아 베흐쓰
Il tombe des cordes.
일 똥브 데 꼬흐드

💬 하루 종일 비가 오락가락해요.

Il pleut toute la journée par intermittence.
일 쁠르 뚜뜨 라 주흐네 빠흐 앵떼흐미떵쓰

💬 우산 없이는 밖에 못 나가요.

Vous ne pouvez pas sortir dehors sans parapluie.
부 느 뿌베 빠 쏘흐띠 드오 쌍 빠하쁠뤼

천둥 & 번개

💬 번개가 쳐요.

Il y a des éclairs.
일 리 아 데 제끌레

💬 천둥이 심해요.

Le tonnerre est fort.
르 또네(흐) 에 포흐

💬 조금 전에 번개가 저 나무 위로 떨어졌어요.

Un éclair est tombé sur l'arbre tout à l'heure.
어 네끌레 에 똥베 쒸흐 라흐브(흐) 뚜 따 뢰(흐)

💬 천둥소리에 밤새 잠을 못 잤어요.

Je n'ai pas pu dormir de la nuit à cause du tonnerre.
즈 네 빠 쀠 도흐미 들 라 뉘 아 꼬즈 뒤 또네(흐)

💬 갑자기 번개가 치고 비바람이 몰아쳤어요.

Il y a soudainement eu des éclairs et la tempête s'est déchaînée.
일 리 아 쑤덴멍 위 데 제끌레 에 라 떵빼뜨 쎄 데쉐네

💬 내일은 천둥을 동반한 비가 예상됩니다.

De la pluie et du tonnerre sont prévus pour demain.
들 라 쁠뤼 에 뒤 또네(흐) 쏭 프헤뷔 뿌흐 드맹

봄 날씨

💬 날씨가 따뜻해요.

> Le temps est chaud.
> 르 떵 에 쇼

💬 날씨가 좋아요.

> Il fait bon.
> 일 페 봉

💬 겨울도 다 끝났네요.

> L'hiver touche à sa fin.
> 리베 뚜슈 아 싸 팽

💬 봄의 문턱에 다다랐어요.

> Le printemps est arrivé à nos portes.
> 르 프행떵 에 따히베 아 노 뽀흐뜨

💬 봄 기운이 완연하네요.

> L'air printanier est incontestable.
> 레흐 프행따니에 에 땡꽁떼스따블르

💬 바깥 공기가 포근해졌어요.

L'air du dehors devient doux.
레흐 뒤 드오 드비엉 두
Il fait doux.
일 페 두

💬 이른 봄이라 날씨가 아직은 춥네요.

Comme c'est juste le début du printemps, il fait encore froid.
꼼 쎄 쥐스뜨 르 데뷔 뒤 프행떵, 일 페 엉꼬(흐) 프후아

💬 저는 봄이 가장 좋아요.

Ma saison préférée est le printemps.
마 쎄종 프헤페헤 에 르 프행떵

황사

💬 한국에선 봄철마다 황사가 옵니다.

Tous les printemps, en Corée, il y a des tempêtes de sable jaune.
뚜 레 프랭떵, 엉 꼬헤, 일 리 아 데 떵뻬뜨 드 싸블르 존

💬 황사는 중국에서 발생하는 현상이에요.

Les tempêtes de sable jaune sont un phénomène venant de Chine.
레 떵뻬뜨 드 싸블르 존 쏭 떵 페노맨 브낭 드 쉰

💬 바람에 오염 물질이 실려 오기 때문에 황사 문제는 심각해요.

Les vents des tempêtes de sable jaune sont un problème sérieux car ils transportent des produits polluants.
레 벙 데 떵뻬뜨 드 싸블르 존 쏭 떵 프호블램 쎄히으 꺄흐 일 트항스뽀흐뜨 데 프호뒤 뽈뤼앙

💬 황사 때문에 기침이 심해졌어요.

Ma toux s'est aggravée à cause de la tempête de sable jaune.
마 뚜 쎄 따그하베 아 꼬즈 들 라 떵뻬뜨 드 싸블르 존

💬 봄 날씨는 좋아하지만 황사는 싫어요.

J'aime le temps printanier, mais pas les vents de sable jaune.
쥄 르 떵 프행따니에, 메 빠 레 벙 드 싸블르 존

💬 황사가 올 때는 외출을 삼가는 게 좋아요.

Il vaut mieux éviter de sortir durant la saison des tempêtes de sable jaune.
일 보 미으 에비떼 드 쏘흐띠 뒤항 라 쎄종 데 떵뻬뜨 드 싸블르 존

장마

💬 벌써 장마철이에요.

La saison des pluies est déjà là.
라 쎄종 데 쁠뤼 에 데자 라
C'est déjà la mousson.
쎄 데자 라 무쏭

💬 온 집안이 눅눅해요.

Toute la maison est humide.
뚜뜨 라 메종 에 뛰미드

💬 장마철엔 집에 곰팡이가 피기 쉬워요.

Durant la mousson, les moisissures apparaissent très facilement dans les maisons.
뒤항 라 무쏭, 레 무아지쒸(흐) 아빠헤쓰 트해 파씰멍 당 레 메종

💬 장마철엔 우산이 꼭 필요해요.

Le parapluie est nécessaire durant la saison des pluies.
르 빠하쁠뤼 에 네쎄쎄(흐) 뒤항 라 쎄종 데 쁠뤼

💬 장마 전선이 북상하고 있습니다.

La pluie va vers le nord.
라 쁠뤼 바 베흐 르 노흐

💬 장마가 끝났어요.

La mousson est finie.
라 무쏭 에 피니

여름 날씨

💬 날씨가 정말 덥네요.

Il fait très chaud.
일 페 트해 쇼

💬 푹푹 찌는 날씨예요.

Il fait une chaleur étouffante.
일 페 뛴 샬뢰 에뚜팡뜨

💬 한국의 여름은 후텁지근해요.

L'été coréen est chaud et humide.
레떼 꼬헤엉 에 쇼 에 위미드

💬 전 더위 먹을 것 같아요.

Je sens que je vais avoir un coup de chaud.
즈 썽 끄 즈 베 아부아 엉 꾸 드 쇼

💬 낮이 길어졌어요.

Les jours se sont allongés.
레 주흐 쓰 쏭 딸롱제

💬 더위 때문에 밤새 한잠도 못 잤어요.

Je n'ai pas pu dormir de la nuit à cause de la chaleur.
즈 네 빠 쀠 도흐미 들 라 뉘 아 꼬즈 들 라 샬뢰

태풍

💬 태풍이 한반도로 다가오고 있습니다.

Le typhon s'approche de la péninsule coréenne.
르 띠퐁 싸프호슈 들 라 뻬냉쉴 꼬헤엔

💬 강풍이 부네요.

Le vent souffle fort.
르 벙 쑤플 포호

💬 오늘은 태풍이 오니 밖에 나가지 마세요.

Le typhon arrive aujourd'hui, ne sortez pas dehors.
르 띠퐁 아히브 오주흐뒤, 느 쏘흐떼 빠 드오

💬 태풍으로 인해 나무가 쓰러졌어요.

L'arbre a été renversé par le typhon.
라흐브(흐) 아 에떼 헝베흐쎄 빠흐 르 띠퐁

💬 바람이 어찌나 센지!

Quel vent fort !
껠 벙 포흐!

💬 바람 때문에 날아가는 줄 알았어요!

J'ai cru m'envoler à cause du vent !
줴 크뤼 멍볼레 아 꼬즈 뒤 벙!

💬 이제 태풍은 지나갔어요.

Le typhon est passé maintenant.
르 띠퐁 에 빠쎄 맹뜨낭

가뭄

💬 올 여름은 가뭄이 심해요.

Il n'a pas plu cet été.
일 나 빠 쁠뤼 쎄 떼떼
Il ne pleut pas assez cet été.
일 느 쁠르 빠 자쎄 쎄 떼떼

Cet été, il y a une terrible aridité.
쎄 떼떼, 일 리 아 윈 떼히블르 아히디떼
Cet été est très aride.
쎄 떼떼 에 트해 자히드

💬 가뭄 때문에 식물들이 시들었어요.

L'aridité a détruit la flore.
라히디떼 아 데트휘 라 플로(흐)

💬 가뭄으로 농작물이 큰 피해를 입었어요.

Les cultures ont gravement été touchées par l'aridité.
레 뀔뛰(흐) 옹 그하브멍 에떼 뚜쉐 빠흐 라히디떼

💬 비 한 방울 내리지 않아요.

Il n'est pas tombé une goutte de pluie.
일 네 빠 똥베 윈 굿뜨 드 쁠뤼

💬 올 여름에는 가뭄이 장기간 지속될 예정입니다.

Cet été, l'aridité va durer longtemps.
쎄 떼떼, 라히디떼 바 뒤헤 롱떵

💬 오랜 가뭄으로 강 수위가 낮아졌습니다.

L'aridité ayant durée longtemps, le niveau du fleuve est descendu.
라히디떼 에이양 뒤헤 롱떵, 르 니보 뒤 플뢰브 에 데썽뒤

홍수

💬 매년 이맘때면 홍수가 나요.

Chaque année à cette période, il y a une inondation.
샤끄 아네 아 쎄뜨 뻬히오드, 일 리 아 윈 이농다씨옹

💬 도시 전체가 물에 잠겼어요.

Toute la ville a été inondée.
뚜뜨 라 빌 아 에떼 이농데

💬 비가 그치질 않아요.

La pluie ne finit pas de tomber.
라 쁠뤼 느 피니 빠 드 똥베
Il ne s'arrête pas de pleuvoir.
일 느 싸헤뜨 빠 드 쁠르부아

💬 이 지역은 홍수에 취약해요.

Cette région est inondable.
쎗뜨 헤지옹 에 띠농다블르
Cette région est souvent inondée.
쎗뜨 헤지옹 에 쑤벙 이농데

💬 홍수로 다리가 떠내려갔어요.

Le pont a été emporté par l'inondation.
르 뽕 아 에떼 엉뽀흐떼 빠흐 리농다씨옹

💬 우리 집 안까지 물이 찼어요.

L'eau est entrée jusque dans ma maison.
로 에 떵트헤 쥐스끄 당 마 메종

💬 홍수로 수많은 이재민이 발생했어요.

L'inondation a fait beaucoup de victimes.
리농다씨옹 아 페 보꾸 드 빅띰

가을 날씨

💬 날씨가 선선해요.

Il fait frais.
일 페 프헤
Le temps est frais.
르 떵 에 프헤

💬 가을로 접어들었어요.

On entre dans l'automne.
오 넝트(흐) 당 로똔
L'automne s'approche.
로똔 싸프호슈

💬 선선한 가을 바람이 좋아요.

J'aime le vent frais de l'automne.
쥄 르 벙 프헤 드 로똔

💬 파리의 가을은 아름다워요.

L'automne à Paris est toujours beau.
로똔 아 빠히 에 뚜주 보

💬 가을은 여행하기 좋은 계절이죠.

L'automne est la saison idéale pour voyager.
로똔 에 라 쎄종 이데알 쁘흐 부아이야제

💬 가을은 추수의 계절이죠.

L'automne est la saison des récoltes.
로똔 에 라 쎄종 데 헤꼴뜨

💬 가을이 눈 깜짝할 사이에 지나갔어요.

L'automne est passé en un clin d'œil.
로똔 에 빠쎄 어 넝 끌랭 되이

단풍

💬 나무마다 단풍이 물들었어요.

Tous les arbres ont changé de couleurs.
뚜 레 자흐브(흐) 옹 샹제 드 꿀뢰
Les feuilles de tous les arbres deviennent rouges.
레 푀이 드 뚜 레 자흐브(흐) 드비엔 후즈

💬 가을이 되면 낙엽이 져요.

Les arbres perdent leurs feuilles à l'automne.
레 자흐브(흐) 뻬흐드 뢰흐 푀이 아 로똔
Les feuilles tombent à l'automne.
레 푀이 똥브 아 로똔

💬 단풍잎이 붉게 물들어요.

Les feuilles d'érable rougissent.
레 푀이 데하블르 후지쓰

💬 공원이 온통 낙엽 천지예요.

Le parc est plein de feuilles.
르 빠끄흐 에 쁠렁 드 푀이

💬 마당에 있는 낙엽을 쓸어야겠어요.

Je vais balayer les feuilles de la cour.
즈 베 발레이예 레 푀이 들 라 꾸흐

💬 아이들은 낙엽을 갖고 장난치길 좋아해요.

Les enfants aiment jouer avec les feuilles.
레 정팡 엠 주에 아베끄 레 푀이

겨울 날씨

💬 날씨가 점점 추워지네요.

Le temps se refroidit.
르 떵 쓰 흐프후아디
Il fait de plus en plus froid.
일 페 드 쁠뤼 정 쁠뤼 프후아

💬 이젠 정말 겨울인 것 같아요.

Ça sent vraiment l'hiver.
싸 썽 브헤멍 리베
Il semble que l'hiver est vraiment arrivé.
일 썽블르 끄 리베 에 브헤멍 아히베

💬 올 겨울은 유난히 춥네요.

Cet hiver est particulièrement froid.
쎄 띠베 에 빠흐띠뀔리애흐멍 프후아
Il fait particulièrement froid cet hiver.
일 페 빠흐띠뀔리애흐멍 프후아 쎄 띠베

💬 얼어붙을 것 같아요!

On va geler !
옹 바 즐레!

💬 추위가 누그러졌어요.

Le froid a diminué.
르 프후아 아 디미뉘에

💬 작년 겨울보다는 덜 추운 것 같아요.

Il me semble qu'il fait moins froid que l'hiver dernier.
일 므 썽블르 낄 페 무앙 프후아 끄 리베 데흐니에

💬 겨울도 곧 지나가겠죠.

L'hiver va vite passer.
리베 바 비뜨 빠쎄

눈

💬 눈이 내려요!

Il neige !
일 네즈!
La neige tombe !
라 네즈 똥브!

💬 올 겨울 첫눈이에요.

C'est la première neige cet hiver.
쎄 라 프흐미애(흐) 네즈 쎄 띠베

💬 함박눈이 내려요.

La neige tombe à gros flocons.
라 네즈 똥브 아 그호 플로꽁

💬 눈발이 흩날려요.

La neige poudroie.
라 네즈 뿌드후아

💬 어제는 폭설이 내렸어요.

Il a neigé dur hier.
일 라 네제 뒤흐 이에

💬 몇몇 마을은 폭설로 고립되었어요.

Plusieurs villes sont isolées par les fortes chutes de neige.
쁠뤼지외 빌 쏭 띠졸레 빠흐 레 포흐뜨 쉬뜨 드 네즈

💬 눈이라면 지긋지긋해요.

J'en ai marre de la neige.
저 네 마(흐) 들 라 네즈

계절

💬 한국은 사계절이 뚜렷해요.

En Corée, quatre saisons se distinguent clairement.
엉 꼬헤, 꺄트(흐) 쎄종 쓰 디스땡그 끌레흐멍

💬 저는 계절이 바뀔 때마다 감기에 잘 걸려요.

J'attrape facilement un rhume à chaque changement de saisons.
자트하쁘 파씰멍 엉 휨 아 샤끄 샹즈멍 드 쎄종

💬 저는 추위를 잘 타요.

Je suis très sensible au froid.
즈 쒸 트해 썽씨블르 오 프후아

💬 계절이 바뀌기 전에 집안 청소를 해야겠어요.

Je vais nettoyer la maison avant que cette saison change.
즈 베 넷뚜아이예 라 메종 아방 끄 쎗뜨 쎄종 샹즈
Je dois faire le ménage avant la prochaine saison.
즈 두아 페(흐) 르 메나즈 아방 라 프호쉔 쎄종

💬 언제쯤 계절이 바뀔까요?

Quand la saison changera-t-elle ?
깡 라 쎄종 샹즈하뗄?

Unité 2 **명절&기념일**　　　MP3. C03_U02

설날

💬 새해 복 많이 받으세요!

Bonne année !
본 아네!
Bonne et heureuse année !
본 에 외흐즈 아네!

💬 설날까지 이틀 남았어요.

Il reste deux jours avant le jour de l'an.
일 헤스뜨 드 주흐 아방 르 주흐 드 랑

💬 설날에는 부모님 댁에 갈 생각이에요.

Je vais aller chez mes parents pour le jour de l'an.
즈 베 잘레 쉐 메 빠헝 뿌흐 르 주흐 드 랑

💬 새해 소원이 뭐예요?

Quels sont vos vœux pour la nouvelle année ?
껠 쏭 보 브 뿌흐 라 누벨 아네?
Que souhaitez-vous pour la nouvelle année ?
끄 쑤에떼부 뿌흐 라 누벨 아네?

💬 새해엔 꼭 좋은 직장을 구하고 싶어요.

Cette année, je veux obtenir un bon emploi.
쎗뜨 아네, 즈 브 옵뜨니 엉 보 넝쁠루아

💬 새해를 맞아 건배합시다!

Buvons à la nouvelle année !
뷔봉 잘 라 누벨 아네!
Portons un toast à la nouvelle année !
뽀흐통 정 또스뜨 알 라 누벨 아네!

주현절

💬 주현절엔 무얼 하나요?

Qu'est-ce que l'on fait à l'Épiphanie ?
께스끄 롱 페 아 레삐파니?

💬 이번 주현절엔 엄마가 주현절 과자를 구우셨어요.

Ma mère a cuit une galette des Rois pour cette Épiphanie.
마 매(흐) 아 뀌 윈 걀렛뜨 데 후아 뿌흐 쎗뜨 에삐파니

193

💬 친구들과 주현절 과자를 나눠 먹을 거예요.

Je vais partager une galette des Rois avec des amis.
즈 베 빠흐따제 윈 걀렛뜨 데 후아 아베끄 데 자미

💬 주현절에 쓸 과자를 샀어요.

J'ai acheté un gâteau pour l'Épiphanie.
줴 아슈떼 엉 갸또 뿌흐 레삐파니

💬 주현절은 프랑스 전통 명절이에요.

L'Épiphanie est une fête traditionnelle en France.
레삐파니 에 뛴 페뜨 트하디씨오넬 엉 프항쓰

💬 한국인에게 주현절은 생소해요.

L'Épiphanie est peu connue des Coréens.
레삐파니 에 쁘 꼬뉘 데 꼬헤엉

추석

💬 추석은 음력 8월 15일이에요.

Chuseok a lieu le quinzième jour du huitième mois lunaire.
추석 아 리으 르 깽지앰 주흐 뒤 위띠앰 무아 뤼네(흐)

💬 추석에 한국인들은 성묘를 하러 갑니다.

À Chuseok, les Coréens visitent les tombes.
아 추석, 레 꼬헤엉 비지뜨 레 똥브
À Chuseok, les Coréens vont au cimetière.
아 추석, 레 꼬헤엉 봉 또 씨메띠애(흐)

💬 한국은 추석 연휴가 길어요.

En Corée, il y a des vacances pendant la période de Chuseok.
엉 꼬헤, 일 리 아 데 바깡쓰 뼁당 라 뻬히오드 드 추석

💬 추석은 가을 추수 후 가족들과 함께 보내는 한국 명절이에요.

Chuseok est un jour de fête coréen qui est passé en famille, après la récolte d'automne.
추석 에 떵 주흐 드 페뜨 꼬헤옝 끼 에 빠쎄 엉 파미이, 아프해 라 헤꼴뜨 도똔

💬 한국인들은 추석에 송편을 먹어요.

Les Coréens mangent des Songpyeon à Chuseok.
레 꼬헤엉 망즈 데 송편 아 추석

💬 프랑스에도 추석과 비슷한 명절이 있나요?

Existe-il un jour similaire à Chuseok en France ?
에그지스띨 엉 주흐 씨밀레(흐) 아 추석 엉 프항쓰?

크리스마스

💬 곧 있으면 크리스마스네요.

Noël s'approche.
노엘 싸프호슈

Noël est tout près.
노엘 에 뚜 프해

💬 크리스마스 준비는 잘 되어 가세요?

Les préparatifs de Noël se déroulent bien ?
레 프헤빠하띠프 드 노엘 쓰 데훌 비엉?

💬 어제 집에서 크리스마스 트리를 만들었어요.

Hier, j'ai fait un sapin de Noël à la maison.
이에, 줴 페 엉 싸빵 드 노엘 알 라 메종

💬 이번 크리스마스에 줄 가족 선물은 샀어요?

Avez-vous acheté des cadeaux de Noël pour votre famille ?
아베부 아슈떼 데 꺄도 드 노엘 뿌흐 보트(흐) 파미이?

💬 크리스마스 시즌이라 백화점마다 복잡해요.

Tous les grands magasins sont plein de gens pour la saison de Noël.
뚜 레 그항 마갸쟁 쏭 쁠렁 드 정 뿌흐 라 쎄종 드 노엘

💬 저는 크리스마스 때 더 바쁠 것 같아요.

Je serai encore plus occupé à Noël.
즈 쓰헤 엉꼬(흐) 쁠뤼 조뀌뻬 아 노엘

💬 메리 크리스마스!

Joyeux Noël !
주아이으 노엘!

💬 아이들이 크리스마스만 기다리고 있어요.

Les enfants n'attendent que Noël.
레 정팡 나떵드 끄 노엘

💬 올해 크리스마스는 목요일이네요.

Noël tombe un jeudi cette année.
노엘 똥브 엉 즈디 쎗뜨 아네

💬 온 가족이 크리스마스날 할머니 댁에서 모이기로 했어요.

Toute ma famille sera chez ma grand-mère à Noël.
뚜뜨 마 파미이 쓰하 쉐 마 그항매(흐) 아 노엘

💬 산타클로스가 우리에게 선물을 가져다줄 거예요.

Le Père Noël nous apportera des cadeaux.
르 빼(흐) 노엘 누 자뽀흐트하 데 까도

💬 넌 아직도 산타클로스가 있다고 믿니?

Tu crois encore que le Père Noël existe ?
뛰 크후아 엉꼬(흐) 끄 르 빼(흐) 노엘 에그지스뜨?

💬 제 크리스마스 선물은 뭔가요? 제발 말해 주세요.

Qu'est-ce que c'est mon cadeau de Noël ? Dites le moi, s'il vous plaît.
께스끄 쎄 몽 꺄도 드 노엘? 디뜨 르 무아, 씰 부 쁠레

부활절

💬 부활절은 음력에 따라 결정되기 때문에 날짜가 매년 바뀝니다.

La date de Pâques change chaque année parce qu'elle est déterminée par rapport au calendrier lunaire.
라 다뜨 드 빠끄 샹즈 샤끄 아네 빠흐쓰 껠 레 데떼흐미네 빠 하뽀 오 꺌렁드히에 뤼네(흐)

💬 부활절은 보통 4월에 있죠.

Pâques tombe généralement en avril.
빠끄 똥브 제네할멍 어 나브힐

💬 부활절은 예수의 부활을 기념하는 날이에요.

Pâques est un jour qui célèbre la résurrection de Jésus.
빠끄 에 떵 주흐 끼 쎌래브(흐) 라 헤쥐헥씨옹 드 제쥐

💬 프랑스에서 부활절이면 아이들은 달걀 찾기를 큰 즐거움으로 여기죠.

En France, les enfants s'amusent à chercher des œufs à Pâques.
엉 프항쓰, 레 졍팡 싸뮈즈 아 쉐흐쉐 데 즈 아 빠끄

💬 부활절 연휴 때 난 잠깐 니스에 갈 거예요.

Pendant les vacances de Pâques, je vais aller quelques jours à Nice.
뻥당 레 바깡쓰 드 빠끄, 즈 베 알레 껠끄 주흐 아 니쓰
Je vais passer quelques jours à Nice pour Pâques.
즈 베 빠쎄 껠끄 주흐 아 니쓰 뿌흐 빠끄

💬 즐거운 부활절 되세요!

Joyeuses Pâques !
주아이으즈 빠끄!

생일

💬 생일이 언제예요?

Quand est votre anniversaire ?
깡 떼 보트(흐) 아니베흐쎄(흐)?

💬 오늘은 유나의 생일이에요.

Aujourd'hui, c'est l'anniversaire de You-na.
오주흐뒤, 쎄 라니베흐쎄(흐) 드 유나

💬 오늘이 내 생일인 거 어떻게 알았어요?

Comment avez-vous su que mon anniversaire était aujourd'hui ?
꼬멍 따베부 쒸 끄 모 나니베흐쎄(흐) 에떼 오주흐뒤?

💬 하마터면 여자 친구 생일을 잊어버릴 뻔 했어요.

J'ai failli oublier l'anniversaire de ma petite amie.
줴 파이 우블리에 라니베흐쎄(흐) 드 마 쁘띠뜨 아미

💬 네 생일을 완전히 잊어버렸네. 정말 미안해.

J'ai totalement oublié ton anniversaire. Je suis vraiment désolé(e).
줴 또딸멍 우블리에 또 나니베흐쎄(흐). 즈 쒸 브헤멍 데졸레

💬 내 생일까지 3일밖에 안 남았어요.

Mon anniversaire est dans seulement trois jours.
모 나니베흐쎄(흐) 에 당 쐴멍 트후아 주흐

💬 생일 축하해요!

Bon anniversaire !
보 나니베흐쎄(흐)!
Joyeux anniversaire !
주아이으 자니베흐쎄(흐)!

💬 이번 생일에 저는 20살이 됩니다.

J'aurai vingt ans à cet anniversaire.
조헤 뱅 땅 아 쎄 따니베흐쎄(흐)

💬 그의 생일 파티는 파스칼의 집에서 할 거예요.

On va fêter son anniversaire chez Pascal.
옹 바 페떼 쏘 나니베흐쎄(흐) 쉐 빠스깔

💬 친구들과 함께 유나의 생일을 축하하려고 해요.

On va célébrer l'anniversaire de You-na avec des amis.
옹 바 쎌레브헤 라니베흐쎄(흐) 드 유나 아베끄 데 자미

💬 그는 나에게 생일 선물로 특이한 모자를 주었어요.

Pour mon anniversaire, il m'a offert un chapeau très original.
뿌흐 모 나니베흐쎄(흐), 일 마 오페 엉 샤뽀 트해 조히지날

💬 그녀가 오기 전에 잊지 말고 선물을 잘 포장해 둬.

N'oublie pas d'emballer son cadeau, avant qu'elle n'arrive.
누블리 빠 덩발레 쏭 꺄도, 아방 껠 나히브

축하

💬 축하해요!

Félicitations !
펠리씨따씨옹!
Je vous félicite !
즈 부 펠리씨뜨!

💬 결혼 축하해요!

(Toutes mes) Félicitations pour votre mariage !
(뚜뜨 메) 펠리씨따씨옹 뿌흐 보트(흐) 마히아즈!

💬 시험에 합격한 걸 축하해요.

Félicitations pour votre succès à l'examen.
펠리씨따씨옹 뿌흐 보트(흐) 쒹쌔 아 레그자멍

💬 딸이 태어난 걸 축하드려요.

Je vous félicite de la naissance de votre fille.

즈 부 펠리씨뜨 들 라 네쌍쓰 드 보트(흐) 피이

💬 아기가 태어난 걸 축하하는 의미에서 그에게 꽃다발을 보냈어요.

Je lui ai envoyé un bouquet de fleurs pour féliciter de la naissance de son bébé.

즈 뤼 에 엉부아이예 엉 부께 드 플뢰 뿌흐 펠리씨떼 들 라 네쌍쓰 드 쏭 베베

💬 정말 잘됐네요.

Ça, c'est bien pour vous.

싸, 쎄 비엉 뿌흐 부

Unité 3 음주

주량

💬 전 술이 약해요.

Je tiens mal l'alcool.
즈 띠엉 말 랄꼴
Je supporte mal l'alcool.
즈 쒸뽀흐뜨 말 랄꼴

💬 전 요즘 술이 약해졌어요.

Je supporte moins bien l'alcool ces temps-ci.
즈 쒸뽀흐뜨 무앙 비엉 랄꼴 쎄 떵씨

💬 전 식전주가 부담스러워요.

J'ai du mal à prendre l'apéritif.
줴 뒤 말 아 프헝드(흐) 라뻬히띠프

💬 한 잔만 마셔도 얼굴이 빨개져요.

Mon visage rougi même après un seul verre.
몽 비자즈 후지 멤 아프해 정 쐴 베(흐)
J'ai le visage en feu après avoir à peine bu un verre.
줴 르 비자즈 엉 프 아프해 자부아 아 뻰 뷔 엉 베(흐)

💬 그는 독한 술도 잘 마셔요.

Il tient bien les alcools forts.
일 띠엉 비엉 레 잘꼴 포흐

💬 전 그가 취하는 걸 본 적이 없어요.

Je ne l'ai jamais vu ivre.
즈 느 레 자메 뷔 이브(흐)

💬 보드카에도 그는 아무렇지 않아요.

La vodka ne lui fait rien.
라 보드까 느 뤼 페 히엉

술에 취함

💬 그는 벌써 꽤 취했어요.

Il est déjà ivre.
일 레 데자 이브(흐)

💬 그는 이미 술 한 병을 다 비웠어요.

Il a déjà vidé toute une bouteille.
일 라 데자 비데 뚜뜨 윈 부떼이

💬 난 취하지 않았어.

Je ne suis pas ivre.
즈 느 쒸 빠 지브(흐)

💬 그는 술에 취해 뻗어 버렸어요.

Il est tombé d'ivresse.
일 레 똥베 디브헤쓰

💬 그는 곤드레만드레 취했어요.

Il est saoul comme un cochon.
일 레 쑤 꼼 엉 꼬숑
Il est saoul à se rouler sous la table.
일 레 쑤 아 쓰 홀레 쑤 라 따블르
Il est complètement fait. (친구끼리 자주 쓰는 표현)
일 레 꽁쁠래뜨멍 페

💬 술에 취하면 그는 자기가 한 말을 기억하지 못해요.

Il ne se souvient pas de ce qu'il dit quand il est saoul.
일 느 쓰 쑤비엉 빠 드 쓰 낄 디 깡 띨 레 쑤

술에 대한 충고

💬 술은 적당히 마시는 게 좋아요.

Il vaut mieux consommer l'alcool avec modération.
일 보 미으 꽁소메 랄꼴 아베끄 모데하씨옹

💬 당신에게 독한 술은 좋지 않아요.

Les alcools forts ne sont pas bons pour vous.
레 잘꼴 포흐 느 쏭 빠 봉 뿌흐 부

💬 취하도록 마시지 말아요.

Ne buvez pas au point d'être saoul.
느 뷔베 빠 조 뿌앙 데트(흐) 쑤

💬 평소 5잔 마시던 걸 3잔으로 줄이세요.

Vous devez réduire votre consommation de cinq à trois verres.
부 드베 헤뒤(흐) 보트(흐) 꽁쏘마씨옹 드 생끄 아 트후아 베(흐)

💬 당신은 식사 때 와인 마시는 정도면 충분해요.

Boire du vin pendant les repas est suffisant pour vous.
부아(흐) 뒤 뱅 뻥당 레 흐빠 에 쒸피장 뿌흐 부

💬 비싼 와인이 꼭 좋은 건 아니에요.

Un vin cher n'est pas toujours bon.
엉 뱅 쉐흐 네 빠 뚜주 봉

술에 대한 기호

💬 어떤 와인을 좋아하세요?

Quel vin aimez-vous ?
껠 뱅 에메부?

💬 전 맥주를 그다지 좋아하지 않아요.

Je n'aime pas trop la bière.
즈 넴 빠 트호 라 비애(흐)

💬 그는 항상 보르도 와인만 고집해요.

Il persiste à ne prendre que du vin de Bordeaux.
일 뻬흐씨스뜨 아 느 프헝드(흐) 끄 뒤 뱅 드 보흐도

💬 전 샴페인보다 맥주가 더 좋아요.

Je préfère la bière au champagne.
즈 프헤패(흐) 라 비애(흐) 오 샹빠뉴

💬 저희 아버지는 와인 없이는 식사도 안 하세요.

Mon père ne mange pas sans vin.
몽 빼(흐) 느 망즈 빠 쌍 뱅
Mon père ne prend pas le repas sans vin.
몽 빼(흐) 느 프헝 빠 르 흐빠 쌍 뱅

💬 한국인들은 소주를 즐겨 마시죠.

Les Coréens aiment boire du soju.
레 꼬헤엉 엠 부아(흐) 뒤 소주

금주

💬 전 당분간 술은 못 마셔요.

Je ne peux pas boire d'alcool pour quelques temps.
즈 느 쁘 빠 부아(흐) 달꼴 뿌흐 껠끄 떵

💬 의사가 당분간 술은 마시지 말라고 했어요.

Le médecin m'a interdit de boire pour l'instant.
르 메드쌩 마 앵떼흐디 드 부아(흐) 뿌흐 랭스땅

💬 알코올 중독자가 될 게 아니라면 술 좀 그만 마셔!

Si tu ne veux pas devenir un alcoolique, arrête de boire !
씨 뛰 느 브 빠 드브니 어 날꼴리끄, 아헤프 드 부아(흐)!

💬 그는 위장병을 앓고 나서 술을 완전히 끊었어요.

Il a totalement arrêté de boire après avoir eu des troubles gastriques.
일 라 또딸멍 아헤떼 드 부아(흐) 아프헤 자부아 위 데 트후블르 갸스트히끄

💬 그는 자신이 너무 많이 마신다는 것을 깨닫고 더 이상 마시지 않아요.

Il ne boit plus car il a réalisé qu'il buvait trop.
일 느 부아 쁠뤼 꺄흐 일 라 헤알리제 낄 뷔베 트호

💬 그는 이제 술은 한 방울도 안 마셔요.

Il ne boit plus une seule goutte d'alcool.
일 느 부아 쁠뤼 쥔 쐴 굿뜨 달꼴

술 기타

💬 제가 안주를 준비할게요.

Je vais préparer des amuse-gueules.
즈 베 프헤빠헤 데 자뮈즈괼

💬 이 근처에 분위기 좋은 술집을 알아요.

Je connais un bar à l'ambiance sympa dans le coin.
즈 꼬네 엉 바 아 랑비앙쓰 쌩빠 당 르 꾸앙

💬 그는 오늘 아침 숙취로 고생했어요.

Ce matin, il a souffert car il avait la gueule de bois.
쓰 마땡, 일 라 쑤페 꺄흐 일 라베 라 괼 드 부아

💬 그건 그가 술김에 한 소리였어요.

C'était une parole sous l'emprise de la boisson.
쎄떼 윈 빠홀 쑤 렁프히즈 들 라 부아쏭
Il parlait sous l'emprise de l'alcool.
일 빠흘레 쑤 렁프히즈 드 랄꼴

💬 그녀는 우울할 때 술 한 잔씩 마셔요.

Elle prend un verre quand elle est triste.
엘 프헝 엉 베(흐) 깡 뗄 레 트히스뜨

💬 자기 전에 한 잔 마시면 푹 잘 거예요.

Vous dormiriez bien, si vous buviez un verre avant de vous coucher.
부 도흐미히에 비엉, 씨 부 뷔비에 엉 베(흐) 아방 드 부 꾸쉐

Unité 4 흡연

흡연

💬 저는 가끔 담배를 피워요.

Je fume parfois.
즈 퓜 빠흐푸아
Je fume de temps en temps.
즈 퓜 드 떵 정 떵

💬 그는 지독한 골초예요.

Il est un gros fumeur.
일 레 떵 그호 퓌뫼
Il est un grand fumeur.
일 레 떵 그항 퓌뫼
Il fume comme un pompier.
일 퓜 꼼 엉 뽕삐에
Il fume comme une locomotive.
일 퓜 꼼 윈 로꼬모띠브

💬 여기에서 담배 피워도 될까요?

Puis-je fumer ici ?
쀠즈 퓌메 이씨?
Est-ce qu'il est permis de fumer ici ?
에스낄 레 뻬흐미 드 퓌메 이씨?

💬 담배 피우려면 나가서 피우세요.

Vous pouvez fumer dehors.
부 뿌베 퓌메 드오
Si vous voulez fumer, vous devez sortir.
씨 부 불레 퓌메, 부 드베 쏘흐띠

💬 흡연 구역은 주차장 옆에 있습니다.

La zone fumeur est située à côté du parking.
라 존 퓌뫼 에 씨뛰에 아 꼬떼 뒤 빠흐낑

💬 그는 긴장하면 담배를 피워요.

Il fume quand il est nerveux.
일 퓜 깡 딜 레 네흐브

담배

💬 담뱃불 좀 빌릴 수 있을까요?

Avez-vous du feu ?
아베부 뒤 프?
Pourrais-je avoir du feu ?
뿌헤즈 아부아 뒤 프?

💬 담배꽁초를 바닥에 버리지 마세요.

Ne jetez pas vos mégots par terre.
느 즈떼 빠 보 메고 빠흐 떼(흐)

💬 담배꽁초는 재떨이에 버려 주세요.

Jetez vos mégots dans un cendrier, s'il vous plaît.
즈떼 보 메고 당 정 썽드히에, 씰 부 쁠레

💬 전 담배 냄새가 정말 싫어요.

Je déteste l'odeur de la cigarette.
즈 데떼스뜨 로되 들 라 씨갸헷뜨

💬 담배 좀 꺼 주시겠어요?

Pourriez-vous éteindre votre cigarette ?
뿌히에부 에땡드(흐) 보트(흐) 씨갸헷뜨?

💬 담배 냄새가 나면 피우고 싶어져요.

Quand je sens l'odeur du tabac, j'ai envie de fumer.
깡 즈 썽 로되 뒤 따바, 줴 엉비 드 퓌메

💬 그는 진짜 담배 말고 전자 담배를 피워요.

Il fume une cigarette électronique au lieu d'une vraie cigarette.
일 퓜 윈 씨갸헷뜨 엘렉트호니끄 오 리으 된 브헤 씨갸헷뜨

금연

💬 이곳은 흡연 금지 구역입니다.

Il est interdit de fumer dans cet endroit.
일 레 땡떼흐디 드 퓌메 당 쎄 떵드후아
C'est une zone non-fumeur, ici.
쎄 뛴 존 농퓌뫼, 이씨

💬 지하철 안에서 담배 피우면 안 돼요!

Ne fumez pas dans le métro !
느 퓌메 빠 당 르 메트호!

💬 그는 건강 때문에 담배를 끊어야 해요.

Il doit arrêter de fumer pour sa santé.
일 두아 아헤떼 드 퓌메 뿌흐 싸 쌍떼

💬 흡연은 건강에 아무런 도움도 안 돼요.

Fumer n'est d'aucune aide pour votre santé.
퓌메 네 도뀐 에드 뿌흐 보트(흐) 쌍떼

💬 요즘은 금연 구역이 많이 늘었어요.

Les espaces non-fumeur ont récemment beaucoup augmenté.
레 제스파쓰 농퓌뫼 옹 헤싸멍 보꾸 쁘그멍떼

💬 공공 장소에서 흡연 시 벌금을 물어야 합니다.

Si vous fumez dans un lieu public, vous devrez payer une amende.
씨 부 퓌메 당 정 리으 쀠블리끄, 부 드브헤 뻬이에 윈 아멍드

💬 담배를 끊는 게 쉽지는 않죠.

Ce n'est pas facile d'arrêter de fumer.
쓰 네 빠 파씰 다헤떼 드 퓌메

💬 나도 이젠 담배 끊어야겠어. 담뱃값이 너무 올랐거든.

Je dois arrêter de fumer parce que le prix des cigarettes a trop augmenté.
즈 두아 자헤떼 드 퓌메 빠흐쓰 끄 르 프히 데 씨갸헷뜨 아 트호 뽀그멍떼

💬 올해는 담배를 꼭 끊기로 결심했어.

J'ai décidé d'arrêter de fumer cette année.
줴 데씨데 다헤떼 드 퓌메 쎗뜨 아네
J'ai pris la décision de ne plus fumer cette année.
줴 프히 라 데씨지옹 드 느 쁠뤼 퓌메 쎗뜨 아네

💬 그는 금연에 성공했어.

Il a réussi à arrêter de fumer.
일 라 헤위씨 아 아헤떼 드 퓌메

💬 그는 지금도 담배를 끊으려고 노력하고 있어.

Il essaie toujours de ne plus fumer.
일 레쎄 뚜주 드 느 쁠뤼 퓌메
Il s'efforce toujours à arrêter de fumer.
일 쎄포흐쓰 뚜주 아 아헤떼 드 퓌메

💬 그가 어떻게 담배를 끊었는지 알고 싶어.

Je veux savoir comment il a arrêté de fumer.
즈 브 싸부아 꼬멍 일 라 아헤떼 드 퓌메

💬 난 그가 담배 끊은 줄 알았더니만 다시 피우던데!

Je pensais qu'il avait arrêté de fumer, mais il a recommencé !
즈 뻥쎄 낄 라베 아헤떼 드 퓌메, 메 질 라 흐꼬멍쎄!

Unité 5 취미

취미 묻기

💬 취미가 뭐예요?

Quel est votre passe-temps ?
껠 레 보트(흐) 빠쓰떵?
Quels sont vos loisirs ?
껠 쏭 보 루아지?
Qu'est-ce que vous faites comme passe-temps ?
께스끄 부 페뜨 꼼 빠쓰떵?

💬 시간 있을 땐 뭘 하세요?

Qu'est-ce que vous faites quand vous avez du temps ?
께스끄 부 페뜨 깡 부 자베 뒤 떵?

💬 기분 전환할 땐 뭘 하세요?

Qu'est-ce que vous faites pour vous divertir ?
께스끄 부 페뜨 뿌흐 부 디베흐띠?

💬 특별히 좋아하는 활동이 있나요?

Avez-vous une occupation particulière ?
아베부 윈 오뀌빠씨옹 빠흐띠뀔리애(흐)?

💬 주말엔 주로 뭘 하세요?

Que faites-vous le week-end en général ?
끄 뻬뜨부 르 위껜드 엉 제네할?

💬 취미로 뭘 하면 좋을까요?

Qu'est-ce que je peux faire comme loisirs ?
께스끄 즈 쁘 페(흐) 꼼 루아지?

취미 대답하기

💬 저는 취미가 다양해요.

J'ai des loisirs variés.
줴 데 루아지 바히에
J'ai des passe-temps très divers.
줴 데 빠쓰떵 트해 디베

💬 시간 있을 땐 이것저것 하죠.

Quand j'ai du temps, je fais ceci et cela.
깡 줴 뒤 떵, 즈 페 쓰씨 에 쓸라

💬 딱히 취미랄 게 없어요.

Je n'ai pas de loisirs particulier.
즈 네 빠 드 루아지 빠흐띠뀔리에

💬 저는 뭐든 꾸준히 하질 못해요.

Je ne fais rien de façon régulière.
즈 느 페 히엉 드 파쏭 헤귈리애(흐)
Je ne peux rien faire durablement.
즈 느 쁘 히엉 페(흐) 뒤하블르멍

💬 그는 별난 취미를 가졌어요.

Il a un passe-temps bizarre.
일 라 엉 빠쓰떵 비자(흐)
Il a des goûts bizarres.
일 라 데 구 비자(흐)

💬 우린 공통된 관심사가 있네요.

Nous avons un centre d'intérêt en commun.
누 자봉 엉 썽트(흐) 댕떼헤 엉 꼬멍

사진

💬 사진 촬영은 제 취미 중 하나예요.

La photographie est l'un de mes hobbies.
라 포또그하피 에 렁 드 메 오비

💬 풍경 사진 촬영에 관심이 있어요.

Je m'intéresse à la photographie de paysage.
즈 맹떼헤쓰 알 라 포또그하피 드 뻬이자즈

💬 아버지가 주신 카메라로 사진을 찍기 시작했어요.

J'ai commencé à prendre des photos avec l'appareil photo que mon père m'a offert.
쥐 꼬멍쎄 아 프헝드(흐) 데 포또 아베끄 라빠헤이 포또 끄 몽 뻬(흐) 마 오페

💬 저는 여전히 필름 카메라로 찍는 걸 더 좋아하죠.

Je préfère utiliser un appareil photo analogique.
즈 프헤패(흐) 위띨리제 어 나빠헤이 포또 아날로지끄

💬 흑백으로 인화한 사진이 더 마음에 들어요.

Je préfère les photos en noir et blanc.
즈 프헤패(흐) 레 포또 엉 누아 에 블랑

💬 어떤 종류의 카메라를 갖고 있나요?

Quel type d'appareil avez-vous ?
껠 띠쁘 다빠헤이 아베부?

스포츠

💬 어떤 스포츠를 좋아하세요?

Quel sport aimez-vous ?
껠 스뽀 에메부?

💬 전 스포츠라면 어떤 종류든 좋아해요.

J'aime tous les sports.
젬 뚜 레 스뽀

💬 저는 운동엔 자신이 없어요.

Je ne suis pas bon en sport.
즈 느 쒸 빠 보 넝 스뽀

Je n'ai pas confiance en moi en ce qui concerne le sport.
즈 네 빠 꽁피앙쓰 엉 무아 엉 쓰 끼 꽁쎄흔느 르 스뽀

💬 썩 잘하는 운동이 없어요.

Il n'y a pas un sport en particulier pour lequel je suis bon.
일 니 아 빠 정 스뽀 엉 빠흐띠뀔리에 뿌흐 르껠 즈 쒸 봉

💬 그는 스포츠광이에요.

Il adore le sport.
일 라도(흐) 르 스뽀
C'est un maniaque du sport.
쎄 떵 마니아끄 뒤 스뽀

💬 스포츠는 하는 것보다 보는 걸 좋아하죠.

Je préfère regarder que faire du sport.
즈 프헤패(흐) 흐갸흐데 끄 페(흐) 뒤 스뽀

💬 매일 운동해야 기분이 풀려요.

Je me défoule tous les jours en faisant du sport.
즈 므 데풀 뚜 레 주흐 엉 프장 뒤 스뽀

계절 스포츠

💬 겨울엔 스키를 꼭 타러 가죠.

Je vais faire du ski tous les hivers.
즈 베 페(흐) 뒤 스끼 뚜 레 지베

💬 지난 겨울엔 매주 스키를 탔어요.

L'hiver dernier, j'ai fait du ski toutes les semaines.
리베 데흐니에, 쮀 페 뒤 스끼 뚜뜨 레 쓰멘

💬 함께 스케이트 타러 갈래요?

Vous voulez aller faire du patin à glace avec moi ?
부 불레 알레 페(흐) 뒤 빠땡 아 글라쓰 아베끄 무아?

💬 여름 스포츠 중에서는 수영을 제일 좋아해요.

Comme sport d'été, je préfère la nage.
꼼 스뽀 데떼, 즈 프헤패(흐) 라 나즈

💬 정기적으로 수영장에 다니고 있어요.

Je vais régulièrement à la piscine.
즈 베 헤귈리애흐멍 알 라 삐씬

💬 평영이 제 특기예요.

Je suis spécialisé(e) dans la brasse.
즈 쒸 스뻬씨알리제 땅 라 브하쓰

💬 그는 계절마다 즐겨하는 스포츠가 있어요.

Il change de sport en fonction de la saison.
일 샹즈 드 스뽀 엉 퐁씨옹 들 라 쎄종

구기 스포츠

💬 그녀는 이제야 테니스에 푹 빠졌어요.

Elle aime enfin faire du tennis.
엘 엠 엉팽 페(흐) 뒤 떼니쓰

💬 그는 야구 경기 보는 것뿐만 아니라 하는 것도 좋아해요.

Il aime autant regarder que jouer au base-ball.
일 렘 오땅 흐갸흐데 끄 주에 오 베이스볼

💬 언제 경기가 있나요?

Quand est-ce que le match aura lieu ?
깡 에스끄 르 마치 오하 리으?

💬 그녀는 지난주부터 골프를 치기 시작했어요.

Elle s'est mise au golf depuis la semaine dernière.
엘 쎄 미즈 오 골프 드쀠 라 쓰멘 데흐니애(흐)

💬 그 소년은 오후마다 농구 경기를 해요.

Le garçon fait du basket tous les après-midis.
르 갸흐쏭 페 뒤 바스께 뚜 레 자프해미디

💬 그는 농구를 잘하진 않아도 좋아해요.

Même s'il ne joue pas bien au basket, il aime ça.
멤 씰 느 주 빠 비엉 오 바스께, 일 렘 싸

💬 언제부터 농구를 하게 되었니?

Depuis quand fais-tu du basket ?
드쀠 깡 페뛰 뒤 바스께?

음악 감상

💬 음악 듣는 걸 좋아해요.

J'aime écouter de la musique.
쥌 에꾸떼 들 라 뮈지끄

💬 어떤 음악을 좋아하세요?

Quelle sorte de musique aimez-vous ?
껠 쏘흐뜨 드 뮈지끄 에메부?

Quel type de musique est-ce que vous aimez ?
껠 띠쁘 드 뮈지끄 에스끄 부 제메?

Quel genre de musique aimez-vous ?
껠 졍(흐) 드 뮈지끄 에메부?

💬 좋아하는 가수는 누구인가요?

Qui est votre chanteur préféré ?
끼 에 보트(흐) 샹뙤 프헤페헤?

💬 장르에 상관없이 음악이라면 다 들어요.

J'écoute n'importe quel genre de musique.
제꾸뜨 냉뽀흐뜨 껠 졍(흐) 드 뮈지끄

💬 로큰롤 음악이라면 꿰고 있죠.

Je m'y connais en rock.
즈 미 꼬네 엉 혹

💬 최근 클래식 음악을 듣기 시작했어요.

Je me suis récemment mis(e) à écouter du classique.
즈 므 쒸 헤싸멍 미즈 아 에꾸떼 뒤 끌라씨끄

💬 적어도 한 달에 한 번 콘서트에 가요.

Je vais voir un concert au moins une fois par mois.
즈 베 부아 엉 꽁쎄 오 무앙 윈 푸아 빠흐 무아

악기 연주

💬 다룰 줄 아는 악기가 있으세요?

De quel instrument jouez-vous ?
드 껠 랭스트휘멍 주에부?
Est-ce que vous jouez d'un instrument ?
에스끄 부 주에 더 냉스트휘멍?

💬 피아노를 좀 칠 줄 알아요.

Je joue un peu de piano.
즈 주 엉 쁘 드 삐아노

💬 기타는 몇 곡 정도 연주할 수 있어요.

Je sais jouer quelques morceaux de guitare.
즈 쎄 주에 껠끄 모흐쏘 드 기타(흐)

💬 매주 드럼 연주를 배우고 있어요.

J'apprends à jouer du tambour chaque semaine.
자프헝 아 주에 뒤 땅부 샤끄 쓰멘

💬 특별히 다룰 줄 아는 악기가 없어요.

Je ne sais pas jouer d'un instrument en particulier.
즈 느 쎄 빠 주에 더 냉스트휘멍 엉 빠흐띠뀔리에

💬 제게 한 곡 연주해 주실래요?

Pouvez-vous jouer un morceau de musique pour moi ?
뿌베부 주에 엉 모흐쏘 드 뮈지끄 뿌흐 무아?

💬 음악은 제 삶의 활력소예요.

La musique me stimule.
라 뮈지끄 므 스띠뮐

미술 감상

💬 저는 주말마다 미술 전시회에 가요.

Tous les week-ends, je vais à une exposition d'œuvre d'art.
뚜 레 위껜드, 즈 베 아 윈 엑스뽀지씨옹 되브(흐) 다흐

💬 잘 그리진 못하지만 저는 아마추어 화가예요.

Je ne dessine pas bien, mais je suis un peintre amateur.
즈 느 데씬 빠 비엉, 메 즈 쒸 엉 뺑트(흐) 아마뙤

💬 전 조소 작품보다 회화 작품이 더 끌려요.

Je m'intéresse plus à la peinture qu'à la sculpture.
즈 맹떼헤쓰 쁠뤼쓰 알 라 뺑뛰(흐) 꺄 라 스뀔뛰(흐)

💬 최근 오르세 미술관에서 하는 특별전에 가보셨나요?

Est-ce que vous êtes allé(e)(s) voir l'exposition tenue au musée d'Orsay ces temps-ci ?
에스끄 부 제뜨 알레 부아 렉스뽀지씨옹 뜨뉘 오 뮈제 도흐쎄 쎄 떵씨?

💬 가장 인상적이었던 작품은 무엇인가요?

Quelle est votre œuvre d'art préférée ?
껠 레 보트(흐) 외브(흐) 다흐 프헤페헤?
Quelle œuvre est la plus impressionnante pour vous ?
껠 뢰브(흐) 에 라 쁠뤼 쟁프레씨오낭뜨 뿌흐 부?

💬 19세기 회화 작품들이 굉장히 멋졌어요.

Les peintures du dix-neuvième siècle sont très belles.
레 뼁뛰(흐) 뒤 디즈뇌비앰 씨애끌 쏭 트해 벨

영화 감상

💬 전 영화 보는 걸 좋아해요.

J'aime regarder des films.
쥄 흐갸흐데 데 필므

💬 어떤 종류의 영화를 좋아하세요?

Quel genre de film aimez-vous ?
껠 정(흐) 드 필므 에메부?

💬 저는 공상 과학 영화를 제일 좋아해요.

Je préfère les films de science-fiction.
즈 프헤패(흐) 레 필므 드 씨엉쓰픽씨옹

💬 이제껏 본 영화 중 가장 멋진 영화였어요.

C'est le meilleur film que j'ai vu jusqu'à aujourd'hui.
쎄 르 메이외 필므 끄 줴 뷔 쥐스꺄 오주흐뒤

💬 그 영화는 너무 감동적이어서 결코 잊지 못할 거예요.

Ce film est si touchant que je ne l'oublierai jamais.
쓰 필므 에 씨 뚜샹 끄 즈 느 루블리헤 자메

💬 그 배우가 출연하는 영화는 전부 봤어요.

J'ai vu tous les films de cet acteur (cette actrice).
쉐 뷔 뚜 레 필므 드 쎄 딱띄 (쎗뜨 악트히쓰)
J'ai vu tous ses films.
쉐 뷔 뚜 쎄 필므

💬 그 영화를 극장에서 보지 못해 아쉬워요.

Je regrette de ne pas avoir vu ce film au cinéma.
즈 흐그헷뜨 드 느 빠 자부아 뷔 쓰 필므 오 씨네마

영화관 가기

💬 영화 보러 자주 가세요?

Vous allez souvent au cinéma ?
부 잘레 쑤벙 오 씨네마?

💬 새로 개봉한 영화가 뭐 있나요?

Quel film est sorti cette semaine ?
껠 필므 에 쏘흐띠 쎗뜨 쓰멘?
Quels sont les nouveaux films à l'affiche ?
껠 쏭 레 누보 필므 아 라피슈?

💬 지금 극장에서 뭐 하나요?

Qu'est-ce qui passe au cinéma ?
께스끼 빠쓰 오 씨네마?
Quels films y a-t-il au cinéma ?
껠 필므 이아띨 오 씨네마?

💬 한동안 영화를 보지 못했어요.

Ça fait un moment que je n'ai pas vu de film.
싸 페 엉 모멍 끄 즈 네 빠 뷔 드 필므

💬 꼭 보고 싶었던 영화가 개봉했어요.

Le film que je voulais absolument voir est sorti.
르 필므 끄 즈 불레 압쏠뤼멍 부아 에 쏘흐띠

💬 그 영화는 몇 시에 시작하나요?

À quelle heure commence ce film ?
아 껠 뢰(흐) 꼬멍 쓰 필므?

💬 오늘 저녁 영화 보러 갈래요?

On va au cinéma ce soir ?
옹 바 오 씨네마 쓰 쑤아?

독서

💬 저는 한가할 때 독서로 시간을 보내요.

Je passe mon temps libre à lire.
즈 빠쓰 몽 떵 리브(흐) 아 리(흐)

💬 한 달에 몇 권 정도 읽으세요?

Combien de livres lisez-vous par mois ?
꽁비엉 드 리브(흐) 리제부 빠흐 무아?

💬 한 달에 두 권 정도는 읽어요.

Je lis environ deux livres par mois.
즈 리 엉비홍 두 리브(흐) 빠흐 무아

💬 저는 프랑스 소설을 아주 좋아해요.

J'aime beaucoup les romans français.
쥌 보꾸 레 호망 프항쎄

💬 저는 손에 잡히는 대로 다 읽어요.

Je lis tout ce qui me passe sous la main.
즈 리 뚜쓰 끼 므 빠쓰 쑤 라 멩

239

💬 얼마 전부터 파트릭 모디아노의 소설을 읽기 시작했어요.

Depuis quelque temps, j'ai commencé à lire un roman de Patrick Modiano.
드뿨 껠끄 떵, 줴 꼬멍쎄 아 리(흐) 엉 호망 드 빠트히끄 모디아노

💬 저는 어려서부터 독서하는 습관을 들였어요.

J'ai pris l'habitude de lire depuis mon enfance.
줴 프히 라비뛰드 드 리(흐) 드뿨 모 넝펑쓰

취미 기타

💬 그는 뮤지컬 보러 가는 게 취미예요.

Son passe-temps est d'aller voir des comédies musicales.
쏭 빠쓰떵 에 달레 부아 데 꼬메디 뮤지꺌

💬 동전 수집을 시작한 지 얼마나 되었나요?

Depuis combien de temps avez-vous commencé à collectionner les pièces de monnaies ?
드퓌 꽁비엉 드 떵 아베부 꼬멍쎄 아 꼴렉씨오네 레 삐애쓰 드 모네?

💬 전 오래 전부터 동전을 모으고 있어요.

Ça fait longtemps que je collectionne les pièces de monnaie.
싸 페 롱떵 끄 즈 꼴렉씨온 레 삐애쓰 드 모네

💬 다른 취미 생활은 없나요?

Vous n'avez pas d'autre passe-temps ?
부 나베 빠 도트(흐) 빠쓰떵?

Chapitre 04
어디서든 당당하게!

Unité 1   음식점
Unité 2   쇼핑
Unité 3   병원&약국
Unité 4   은행&우체국
Unité 5   도서관
Unité 6   미술관&박물관
Unité 7   미용실
Unité 8   세탁소
Unité 9   렌터카&주유소
Unité 10   서점
Unité 11   영화관&공연장
Unité 12   술집&클럽
Unité 13   파티

Unité 1 음식점

음식점 추천

💬 이 근처에 맛있게 하는 음식점 있나요?

Est-ce qu'il y a un bon restaurant près d'ici ?
에스낄 리 아 엉 봉 헤스또항 프해 디씨?

💬 두 사람이 조용히 식사할 수 있는 곳이면 좋겠어요.

Je cherche un restaurant calme pour deux personnes.
즈 쉐흐슈 엉 헤스또항 꺌므 뿌흐 드 뻬흐쏜

💬 오후 2시 이후에 주문할 수 있는 식당이 있나요?

Y a-t-il un restaurant où il est possible de commander après quatorze heures ?
이아띨 엉 헤스또항 우 일 레 뽀씨블르 드 꼬망데 아프해 까또흐즈 외(흐)?

💬 음식점 많은 곳이 어디인가요?

Où est-ce qu'il y a beaucoup de restaurants ?
우 에스낄 리 아 보꾸 드 헤스또항?

💬 이 거리에서 추천할 만한 음식점 있나요?

Y a-t-il un restaurant recommandable dans ce quartier ?
이아띨 엉 헤스또항 흐꼬망다블르 당 쓰 꺄흐띠에?

💬 채식주의자가 갈 만한 음식점 있나요?

Est-ce qu'il y a un restaurant pour les végétariens ?
에스낄 리 아 엉 헤스또항 뿌흐 레 베제따히엉?

식당 예약

💬 오늘 저녁 7시 예약하고 싶은데요.

Je voudrais faire une réservation pour sept heures ce soir.
즈 부드헤 페(흐) 윈 헤제흐바씨옹 뿌흐 쎄 뙤(흐) 쓰 쑤아

💬 몇 분이신가요?

Combien de personnes êtes-vous ?
꽁비엉 드 뻬흐쏜 에뜨부?

💬 네 명이요.

Nous sommes quatre.
누 쏨 꺄트(흐)

💬 금연석으로 부탁합니다.

Je voudrais un espace non-fumeur, s'il vous plaît.
즈 부드헤 어 네스빠쓰 농퓌뫼, 씰 부 쁠레

💬 창가 쪽 테이블로 해 주세요.

Je voudrais une table près de la fenêtre.
즈 부드헤 윈 따블르 프헤 들 라 프네트(흐)

💬 예약을 변경할 수 있나요?

Est-ce qu'il est possible de modifier ma réservation ?
에스낄 레 뽀씨블르 드 모디피에 마 헤제흐바씨옹?
Puis-je changer ma réservation ?
쀠즈 샹제 마 헤제흐바씨옹?

💬 예약을 취소해 주세요.

Je voudrais annuler une réservation.
즈 부드헤 아뉠레 윈 헤제흐바씨옹

예약 없이 갔을 때

💬 세 명이 식사 가능할까요?

Est-il possible d'avoir une table pour trois personnes ?
에띨 뽀씨블르 다부아 윈 따블르 뿌흐 트후아 뻬흐쏜?

💬 죄송하지만 지금은 자리가 다 찼습니다.

Je suis navré(e) mais aucune table n'est libre pour le moment.
즈 쒸 나브헤 메 오뀐 따블르 네 리브(흐) 뿌흐 르 모멍

Je regrette. Toutes les tables sont maintenant occupées.
즈 흐그헷뜨. 뚜뜨 레 따블르 쏭 맹뜨낭 오뀌뻬

💬 오래 기다려야 하나요?

Est-ce que je dois attendre longtemps ?
에스끄 즈 두아 아떵드(흐) 롱떵?

💬 30분 정도 기다리셔야 합니다. 기다리시겠어요?

Il y a trente minutes d'attente. Voulez-vous attendre ?
일 리 아 트헝뜨 미뉘뜨 다떵뜨. 불레부 아떵드(흐)?

247

💬 흡연석에 자리 있나요?

Y a-t-il une table disponible dans l'espace fumeur ?
이아띨 윈 따블르 디스뽀니블르 당 레스빠쓰 퓌뫼?
Est-ce qu'il reste une table fumeur ?
에스낄 헤스뜨 윈 따블르 퓌뫼?

메뉴 보기

💬 메뉴판 좀 주세요.

Je voudrais voir la carte, s'il vous plaît.
즈 부드헤 부아 라 꺄흐뜨, 씰 부 쁠레

💬 오늘의 요리는 무엇인가요?

Quel est le plat du jour ?
껠 레 르 쁠라 뒤 주흐?

💬 이 샐러드는 주재료가 무엇인가요?

Quel est le principal ingrédient de cette salade ?
껠 레 르 프행씨빨 앵그헤디엉 드 쎗뜨 쌀라드?

Qu'y a-t-il dans cette salade ?
끼아띨 당 쎗뜨 쌀라드?

💬 메인 요리로 하나 추천해 주세요.

Pourriez-vous me recommender un plat principal ?
뿌히에부 므 흐꼬멍데 엉 쁠라 프헹씨빨?

💬 이 요리의 재료에 대해 설명해 주시겠어요?

Pourriez-vous m'expliquer la composition de ce plat ?
뿌히에부 멕쓰쁠리께 라 꽁뽀지씨옹 드 쓰 쁠라?

💬 이 요리에 들어가는 '뮌스터'는 무엇인가요?

Pourriez-vous me dire ce qu'est le « Münster » qui entre dans la composition de ce plat ?
뿌히에부 므 디(ㅎ) 쓰 껠 르 '뮌스떼' 끼 엉트(ㅎ) 당 라 꽁뽀지씨옹 드 쓰 쁠라?

주문하기-음료

💬 음료는 무엇으로 하시겠어요?

Que prendrez-vous comme boisson ?
끄 프헝드헤부 꼼 부아쏭?

💬 사과 주스 부탁해요.

Je voudrais du jus de pomme.
즈 부드헤 뒤 쥐 드 뽐

💬 물 한 병 주세요.

Apportez-moi une bouteille d'eau, s'il vous plaît.
아뽀흐떼무아 윈 부떼이 도, 씰 부 쁠레

💬 탄산수를 드시나요 아니면 일반 물을 드시나요?

Prenez-vous de l'eau gazeuse ou plate ?
프흐네부 드 로 갸즈즈 우 쁠라뜨?

💬 식전주는 무엇으로 하시겠어요?

Que voulez-vous boire comme apéritif ?
끄 불레부 부아(흐) 꼼 아뻬히띠프?

💬 전 키르 한 잔 부탁해요.

Pour moi, un kir, s'il vous plaît.
뿌흐 무아, 엉 끼흐, 씰 부 쁠레

주문하기-메뉴 고르기

💬 주문하시겠어요?

Avez-vous décidé ?
아베부 데씨데?
Avez-vous choisi ?
아베부 슈아지?

💬 전채로 가스코뉴 식 테린을 하겠습니다.

Comme entrée, je vais prendre une terrine de gascogne.
꼼 엉트헤, 즈 베 프헝드(흐) 윈 떼힌 드 가스꼬뉴

💬 등심 스테이크 하나와 연어구이 둘 주세요.

Une entrecôte et deux saumons rôtis, s'il vous plaît.
윈 엉트흐꼬뜨 에 드 쏘몽 호띠, 씰 부 쁠레

💬 여기에 어울리는 와인 추천해 주시겠어요?

Quel vin irait avec ce plat ?
껠 뱅 이헤 아베끄 쓰 쁠라?
Quel vin me conseillez-vous ?
껠 뱅 므 꽁쎄이에부?

💬 이 중 무엇이 이 지방 요리인가요?

Parmi ces plats, lesquels sont des spécialités régionales ?
빠흐미 쎄 쁠라, 레껠 쏭 데 스뻬씨알리떼 헤지오날?

💬 가벼운 음식으로 주세요.

Je voudrais quelque chose de léger.
즈 부드헤 껠끄 쇼즈 드 레제

주문하기-선택 사항

💬 사이드 메뉴로 감자튀김, 밥, 강낭콩 요리가 있습니다. 무엇으로 하시겠어요?

En accompagnement, il y a des frites, du riz et des haricots verts. Que prendrez-vous ?
어 나꽁빠뉴멍, 일 리 아 데 프히뜨, 뒤 히 에 데 아히꼬 베흐, 끄 프헝드헤부?

💬 사이드 메뉴는 강낭콩 요리로 할게요.

Je voudrais des haricots verts en accompagnement.
즈 부드헤 데 아히꼬 베흐 어 나꽁빠뉴멍

💬 오늘은 양파 수프가 있습니다. 주문하시겠어요?

Aujourd'hui, nous avons une soupe à l'oignon. En voudriez-vous ?
오주흐뒤, 누 자봉 윈 쑤쁘 아 로뇽. 엉 부드히에부?

💬 양파 수프로 주시고, 후추는 빼 주세요.

Une soupe à l'oignon sans poivre, s'il vous plaît.
윈 쑤쁘 아 로뇽 썽 뿌아브(흐), 씰 부 쁠레

💬 고기는 어떻게 익혀 드릴까요?

Quelle cuisson pour la viande ?
껠 뀌쏭 뿌흐 라 비앙드?

💬 미디엄으로 부탁해요.

À point, s'il vous plaît.
아 뿌앙, 씰 부 쁠레

💬 디저트는 식사 후에 주문할게요.

Je commanderai le dessert après le repas.
즈 꼬망드헤 르 데쎄 아프해 르 흐빠

주문하기-디저트

💬 디저트로 무엇이 있나요?

Qu'est-ce que vous avez comme dessert ?
께스끄 부 자베 꼼 데쎄?

💬 디저트로 오렌지 셔벗 주세요.

Comme dessert, je prendrai un sorbet à l'orange.
꼼 데쎄, 즈 프헝드헤 엉 쏘흐베 아 로항즈

💬 초콜릿 케이크 말고 다른 것은 없나요?

Il n'y a pas autre chose que du gâteau au chocolat ?
일 니 아 빠 조트(흐) 쇼즈 끄 뒤 갸또 오 쇼꼴라?

Vous n'avez pas autre chose que du gâteau au chocolat ?
부 나베 빠 조트(흐) 쇼즈 끄 뒤 갸또 오 쇼꼴라?

Y a-t-il autre chose que du gâteau au chocolat ?
이아띨 오트(흐) 쇼즈 끄 뒤 갸또 오 쇼꼴라?

💬 너무 달지 않은 디저트로 무엇이 있나요?

Qu'est-ce que vous avez comme dessert pas trop sucré ?
께스끄 부 자베 꼼 데쎄 빠 트호 쒸크헤?

💬 아이스크림 위에 캐러멜 시럽은 올리지 말아 주세요.

N'ajoutez pas de sirop au caramel sur la glace.
나주떼 빠 드 씨호 오 꺄하멜 쒸흐 라 글라쓰

불만 사항

💬 웨이터, 주문한 음식은 언제 나오죠?

Garçon, quand arrivera le plat que j'ai commandé ?
갸흐쏭, 깡 아히브하 르 쁠라 끄 줴 꼬망데?

💬 주문한 지 벌써 50분이 지났는데요.

Il y a déjà cinquante minutes que j'ai passé une commande.
일 리 아 데자 쌩깡뜨 미뉘뜨 끄 줴 빠쎄 윈 꼬망드

💬 이건 제가 주문한 음식이 아니에요.

Cela n'est pas ce que j'ai commandé.
쓸라 네 빠 쓰 끄 줴 꼬망데
Je n'ai pas commandé cela.
즈 네 빠 꼬망데 쓸라

💬 고기가 덜 익었어요.

La viande n'est pas assez cuite.
라 비앙드 네 빠 자쎄 뀌뜨
La viande est mal cuite.
라 비앙드 에 말 뀌뜨

💬 카망베르 치즈가 완전히 말랐어요.

Le camembert est totalement sec.
르 꺄멍베 에 또딸멍 쎄끄

💬 이건 도저히 못 먹겠네요!

C'est immangeable !
쎄 땡망자블르!

💬 웨이터, 우린 금연석을 원했는데 여긴 흡연석이군요.

Garçon, nous avons demandé une place non-fumeur, mais ici, c'est fumeur.
갸흐쏭, 누 자봉 드망데 윈 쁠라쓰 농퓌뫼(흐), 메 지씨, 쎄 퓌뫼(흐)

요청 사항

💬 소금 좀 가져다주시겠어요?

Pourriez-vous m'apporter un peu de sel ?
뿌히에부 마뽀흐떼 엉 쁘 드 쎌?

💬 포크 좀 바꿔 주시겠어요?

Pourriez-vous changer ma fourchette, s'il vous plaît ?
뿌히에부 샹제 마 푸흐쉣드, 씰 부 쁠레?

💬 샐러드에서 호두는 빼 주세요.

Je prendrai une salade sans noix.
즈 프헝드헤 윈 쌀라드 쌍 누아

💬 빵 좀 더 주세요.

Un peu plus de pain, s'il vous plaît.
엉 쁘 쁠뤼쓰 드 빵, 씰 부 쁠레

💬 주문을 취소할 수 있나요?

Est-il possible d'annuler ma commande ?
에띨 뽀씨블르 다뉠레 마 꼬망드?

💬 디저트를 다른 것으로 바꿀 수 있나요?

Est-ce que je peux changer de dessert ?
에스끄 즈 쁘 샹제 드 데쎄?

💬 남은 음식은 포장 가능한가요?

Est-il possible d'emporter les restes ?
에띨 뽀씨블르 덩뽀흐떼 레 헤스뜨?

맛에 대한 평가

💬 정말 맛있었어요!

C'était très bon !
쎄떼 트해 봉!

C'était excellent !
쎄떼 떽쎌렁!

💬 이렇게 맛있는 음식은 처음이에요!

C'est la première fois que je mange un plat aussi délicieux !
쎌 라 프흐미애(흐) 푸아 끄 즈 망즈 엉 쁠라 오씨 델리씨으!

💬 음식이 제 입에 딱 맞아요.

C'est à mon goût.
쎄 따 몽 구
Le plat me plaît.
르 쁠라 므 쁠레

💬 생선이 좀 짜네요.

Le poisson est un peu salé.
르 뿌아쏭 에 떵 쁘 쌀레

💬 이건 너무 느끼해요.

C'est trop gras.
쎄 트호 그하

💬 그에게 이건 너무 달아요.

Pour lui, cela est trop sucré.
뿌흐 뤼, 쓸라 에 트호 쒸크헤

💬 이건 아무 맛도 안 나요.

Ça n'a aucun goût.
싸 나 오껑 구

계산

💬 계산서 주세요.

L'addition, s'il vous plaît.
라디씨옹, 씰 부 쁠레

💬 팁은 가격에 포함되어 있습니다.

Le pourboire est inclus (dans l'addition).
르 뿌흐부아(흐) 에 땡끌뤼 (당 라디씨옹)

💬 전부 합쳐 62유로입니다.

Au total, cela fait soixante-deux euros.
오 또딸, 쓸라 페 쑤아쌍드 즈호

Cela fait soixante-deux euros.
쓸라 페 쑤아쌍드 즈호

💬 카드 결제 가능한가요?

Est-ce que je peux payer par carte bancaire ?
에스끄 즈 쁘 뻬이예 빠흐 꺄흐뜨 방께(흐)?

Puis-je payer par carte de crédit ?
쀠즈 뻬이예 빠흐 꺄흐뜨 드 크헤디?

💬 각자 나눠서 계산할게요.

Nous payons séparément.
누 뻬이용 쎄빠헤멍

💬 오늘 저녁 식사는 내가 살게요.

C'est moi qui invite pour le dîner.
쎄 무아 끼 앵비뜨 뿌흐 르 디네

💬 잔돈은 가지세요.

Gardez la monnaie.
갸흐데 라 모네

패스트푸드점에서

💬 치즈버거와 콜라 하나 주세요.

Un hamburger au fromage et un coca-cola, s'il vous plaît.
엉 앙뷔흐게 오 프호마즈 에 엉 꼬까꼴라, 실 부 쁠레

💬 치킨버거 세트 하나 주세요.

Un menu hamburger au poulet, s'il vous plaît.
엉 므뉘 앙뷔흐게 오 뿔레, 씰 부 쁠레

💬 콜라 리필할 수 있나요?

Puis-je reprendre du coca ?
쀠즈 흐프헝드(흐) 뒤 꼬까?
Pouvez-vous me resservir du coca ?
뿌베부 므 흐쎄흐비 뒤 꼬까?

💬 여기서 드시나요 가져가시나요?

Sur place ou à emporter ?
쒸흐 쁠라쓰 우 아 엉뽀흐떼?

💬 가져갈게요.

À emporter, s'il vous plaît.
아 엉뽀흐떼, 씰 부 쁠레

💬 선불입니다.

Payez d'avance, s'il vous plaît.
뻬이예 다방쓰, 씰 부 쁠레

카페에서

💬 커피 한 잔 할래요?

Voulez-vous un café ?
불레부 엉 꺄페?
Voulez-vous prendre un café ?
불레부 프헝드(흐) 엉 꺄페?

💬 본누벨 역 근처에 단골 카페가 있어요.

Il y a un café près de la station Bonne Nouvelle. J'y suis un habitué(e).
일 리 아 엉 꺄페 프해 들 라 스따씨옹 본 누벨.
쥐 쒸 어 나비뛰에

💬 시청 근처에 꽤 괜찮은 카페 한 곳 알아요.

Je connais un bon café près de l'Hôtel de Ville.
즈 꼬네 엉 봉 꺄페 프해 드 로뗄 드 빌

💬 카페라떼 두 잔 주세요.

Deux cafés au lait, s'il vous plaît.
드 꺄페 올 레, 씰 부 쁠레

💬 카페 안에서 흡연 가능한가요?

Est-ce que je peux fumer à l'intérieur du café ?
에스끄 즈 쁘 퓌메 아 랭떼히외 뒤 꺄페?

💬 커피를 마시면 잠이 잘 안 와요.

Si je bois du café, j'ai du mal à dormir.
씨 즈 부아 뒤 꺄페, 줴 뒤 말 아 도흐미

💬 냅킨 좀 더 주세요.

Plus de serviettes, s'il vous plaît.
쁠뤼쓰 드 쎄흐비엣뜨, 씰 부 쁠레

기타 식당 관련

💬 우리 베트남 식당에 갈래요?

Voulez-vous aller avec moi au restaurant vietnamien ?
불레부 알레 아베끄 무아 오 헤스또항 비에뜨나미엉?

💬 맛있는 쌀국수로 유명한 식당을 알아요.

Je connais un restaurant connu pour faire de bon Pho.
즈 꼬네 엉 헤스또랑 꼬뉘 뿌흐 페(흐) 드 봉 포

💬 젓가락 사용할 줄 알아요?

Savez-vous vous servir des baguettes ?
싸베부 부 쎄흐비 데 바겟뜨?

💬 그는 식성이 까다로워서 식당에 자주 가지 않아요.

Il ne va pas souvent au restaurant, car il est difficile sur la nourriture.
일 느 바 빠 쑤벙 오 헤스또항, 꺄흐 일 레 디피씰 쒸흐 라 누히뛰(흐)

💬 저기 새로운 식당이 생겼는데 가 보지 않을래?

Tu ne veux pas essayer le nouveau restaurant qui s'est ouvert là-bas ?
뛰 느 브 빠 제쎄이예 르 누보 헤스또항 끼 쎄 뚜베 라바?

💬 좋아! 오늘 저녁엔 한국 식당에 가 보자!

Bon ! Allons au restaurant coréen ce soir !
봉! 알롱 오 헤스또항 꼬헤엉 쓰 쑤아!

Unité 2 쇼핑

쇼핑하기

💬 쇼핑하러 갈래요?

Vous voulez aller faire des achats ?
부 불레 알레 페(흐) 데 자샤?

💬 쇼핑하러 가자! 그러면 기분이 풀릴 거야.

Va faire des achats ! Ça va te défouler.
바 페(흐) 데 자샤! 싸 바 뜨 데풀레

💬 난 어제 또 충동구매를 했어요.

J'ai encore fait des achats impulsifs hier.
줴 엉꼬(흐) 페 데 자샤 앵쀨씨프 이에

💬 충동구매를 하지 않으려면 쇼핑 리스트를 만들어야 해요.

Pour éviter de faire des achats impulsifs, vous devez faire une liste des courses.
뿌흐 에비떼 드 페(흐) 데 자샤 앵쀨씨프, 부 드베 페(흐) 윈 리스뜨 데 꾸흐쓰

💬 그는 백화점에서 쇼핑하는 걸 좋아해요.

Il aime faire du shopping dans les grands magasins.
일 렘 페(흐) 뒤 쇼삥 당 레 그항 마가쟁

💬 저는 벼룩시장에서 옷을 자주 사요.

J'achète souvent des vêtements au marché aux puces.
자쉐뜨 쑤벙 데 베뜨멍 오 마흐쉐 오 쀠쓰
J'achète souvent des vêtements à la brocante.
자쉐뜨 쑤벙 데 베뜨멍 알 라 브호꺙뜨

쇼핑몰

💬 쇼핑몰에 가면 다양한 물건을 살 수 있어요.

Il est possible d'acheter diverses choses au centre commercial.
일 레 뽀씨블르 다슈떼 디베흐쓰 쇼즈 오 썽트(흐) 꼬메흐씨알

💬 우리 엄마는 쇼핑몰에 가면 최소 2시간은 돌아다녀요.

Lorsque ma mère va au centre commercial, elle y reste au moins deux heures.
로흐스끄 마 매(흐) 바 오 썽트(흐) 꼬메흐씨알, 엘 리 헤스뜨 오 무앙 드 죄(흐)

💬 시간이 남아서 쇼핑몰 구경 좀 하려고 해요.

Comme il me reste du temps, je pense faire un tour au centre commercial.
꼼 일 므 헤스뜨 뒤 떵, 즈 뻥쓰 페(흐) 엉 뚜흐 오 썽트(흐) 꼬메흐씨알

💬 지방 도시에 쇼핑몰이 많이 생겨났어요.

Beaucoup de centres commerciaux sont apparus dans les villes de province.
보꾸 드 썽트(흐) 꼬메흐씨오 쏭 따빠휘 당 레 빌 드 프호뱅쓰

💬 저는 친구들과 어울려 쇼핑몰에 가는 것을 좋아해요.

J'aime aller avec mes amis au centre commercial.
쥄 알레 아베끄 메 자미 오 썽트(흐) 꼬메흐씨알

옷 가게

💬 겨울이 오기 전에 새 옷을 장만해야겠어요.

J'ai besoin d'acheter de nouveaux vêtements avant l'hiver.
줴 브주앙 다슈떼 드 누보 베뜨멍 아방 리베

💬 찾으시는 물건이 있나요?

Cherchez-vous quelque chose en particulier ?
쉐흐쉐부 껠끄 쇼즈 엉 빠흐띠뀔리에?

💬 잠깐 둘러보는 중이에요.

Je regarde seulement pour l'instant.
즈 흐갸흐드 쐴멍 뿌흐 랭스땅

💬 이 옷은 너무 유행을 탈 것 같아요.

Cette robe va vite se démoder.
쎗뜨 호브 바 비뜨 쓰 데모데

💬 난 파란색 스웨터를 사고 싶어요.

Je veux acheter un pull bleu.
즈 브 아슈떼 엉 쀨 블르

💬 입어 봐도 돼요?

Je peux essayer ?
즈 쁘 에쎄이예?
Vous permettez ?
부 뻬흐메떼?

💬 탈의실이 어디인가요?

Où est la cabine d'essayage ?
우 에 라 꺄빈 데쎄이야즈?

💬 사이즈가 어떻게 되시죠?

Quelle taille faites-vous ?
껠 따이 페뜨부?

💬 저는 36 사이즈를 입어요.

Je fais du trente-six.
즈 페 뒤 트헝씨쓰

💬 이 블라우스는 다른 사이즈가 없나요?

Vous n'auriez pas ce chemisier dans une autre taille ?
부 노히에 빠 쓰 슈미지에 당 쥔 오트(흐) 따이?

💬 저는 순모 니트를 찾고 있어요.

Je cherche un pull en laine.
즈 쉐흐슈 엉 뿰 엉 렌

💬 이 스웨터는 아크릴사로 짰지만 품질은 최고입니다.

Ce pull est tricoté en acrylique, mais il est de la meilleure qualité.
쓰 뿰 에 트히꼬떼 어 나크힐리끄, 메 질 레 들 라 메이외(흐) 꺌리떼

💬 가격에 비해 정말 좋은 원피스예요.

Pour le prix, c'est une très bonne robe.
뿌흐 르 프히, 쎄 뛴 트해 본 호브

💬 이것과 같은 디자인에 다른 색깔 원피스는 없나요?

Vous n'auriez pas cette robe dans une autre couleur ?
부 노히에 빠 쎗뜨 호브 당 쥔 오트(흐) 꿀뢰?

272

Vous n'auriez pas une robe du même design dans une autre couleur ?
부 노히에 빠 쥔 호브 뒤 멤 디자인 당 쥔 오트(흐) 꿀뢰?

신발 가게

💬 신발이 다 낡아서 새로 사려고 해요.

Mes chaussures sont trop usées. Je pense à en acheter des nouvelles.
메 쇼쒸(흐) 쏭 트호 쀠제. 즈 뻥쓰 아 어 나슈떼 데 누벨

💬 저는 주로 운동화를 신어요.

En général, je mets des chaussures de sport.
엉 제네할, 즈 메 데 쇼쒸(흐) 드 스뽀

💬 나이키의 새로운 모델을 볼 수 있을까요?

Est-ce que je peux voir le nouveau modèle (de) Nike ?
에스끄 즈 쁘 부아 르 누보 모델 (드) 나이끄?

273

💬 사이즈가 어떻게 되시죠?

Quelle pointure faites-vous ?
껠 뿌앙뛰(흐) 페뜨부?

💬 구두는 가죽의 품질이 중요해요.

La qualité du cuir est importante pour les chaussures.
라 꺌리떼 뒤 뀌흐 에 땡뽀흐땅뜨 뿌흐 레 쇼쒸(흐)

💬 신발을 신어 보고 고르세요.

Vous devez choisir des chaussures après les avoir essayées.
부 드베 쇼아지 데 쇼쒸(흐) 아프해 레 자부아 에쎄이예

화장품 가게

💬 립스틱을 새로 살 때가 되었어요.

Il est temps d'acheter un nouveau rouge à lèvres.
일 레 떵 다슈떼 엉 누보 후즈 아 래브(흐)

💬 이번엔 자줏빛 립스틱을 사려고 해요.

Cette fois-ci, je vais acheter un rouge à lèvres violet.
쎗뜨 푸아씨, 즈 베 아슈떼 엉 후즈 아 래브(흐) 비올레

💬 네 피부에는 자주색보다 진홍색이 더 어울려.

Le magenta t'ira mieux au teint que le violet.
르 마정따 띠하 미으 오 땡 끄 르 비올레

💬 저는 늘 쓰던 향수만 사요.

J'achète toujours le même parfum.
자쉐프 뚜주 르 멤 빠흐펑

💬 엄마에게 선물할 향수를 고르고 싶어요.

Comme cadeau pour ma mère, je voudrais acheter un parfum.
꼼 까도 뿌흐 마 매(흐), 즈 부드헤 아슈떼 엉 빠흐펑

💬 워터프루프 아이라이너는 어디에 있죠?

Où sont les eyeliners waterproof ?
우 쏭 레 아이라이너 워떠프후프?

구입 결정

💬 좋아요, 이걸로 살게요.

Bon, je veux acheter ça.
봉, 즈 브 아슈떼 싸
Bien, je prendrais celui-ci.
비엉, 즈 프헝드헤 쓸뤼씨

💬 좀 더 생각해 보고 결정할게요.

Je déciderai après avoir un peu plus réfléchi.
즈 데씨드헤 아프헤 자부아 엉 쁘 쁠뤼 헤플레쉬
Je vais réfléchir un peu plus.
즈 베 헤플레쉬 엉 쁘 쁠뤼쓰

💬 진열대에 있는 것이 마지막 남은 재킷입니다.

La veste qui se trouve dans la vitrine est la dernière que nous ayons.
라 베스뜨 끼 쓰 트후브 당 라 비트힌 에 라 데흐니애(흐) 끄 누 제이옹

💬 다른 가게와 비교해 보고 결정해야겠어요.

Je déciderai après avoir comparé avec les autres boutiques.
즈 데씨드헤 아프해 자부아 꽁빠헤 아베끄 레 조트(흐) 부띠끄

💬 마음에 드는 게 없어요.

Il n'y a rien qui m'attire.
일 니 아 히엉 끼 마띠(흐)

시장

💬 저는 시장 구경가는 걸 좋아해요.

J'aime aller au marché.
쥄 알레 오 마흐쉐

💬 목요일과 일요일엔 바스티유 광장에 큰 장이 서요.

Un grand marché se tient le jeudi et le dimanche sur la place de la Bastille.
엉 그항 마흐쉐 쓰 띠엉 르 즈디 에 르 디망슈 쒸흐 라 쁠라쓰 들 라 바스띠

💬 저희 할머니는 항상 시장에서 과일과 채소를 구입하세요.

Ma grand-mère achète toujours ses fruits et légumes au marché.
마 그항매(흐) 아쉐뜨 뚜주 쎄 프휘 제 레귐 오 마흐쉐

💬 시장에서 파는 치즈가 신선하고 맛도 좋아요.

Le fromage vendu sur le marché est frais et bon.
르 프호마즈 벙뒤 쒸흐 르 마흐쉐 에 프헤 에 봉

💬 시장에서 파는 물건이 항상 싼 건 아니에요.

Les produits vendus au marché ne sont pas toujours moins chers.
레 프호뒤 벙뒤 오 마흐쉐 느 쏭 빠 뚜주 무앙 쉐흐

💬 벌써 오후 5시네! 시장 문 닫았겠다.

Il est déjà dix-sept heures ! Le marché doit être fermé.
일 레 데자 디쎄 뙤(흐)! 르 마흐쉐 두아 떼트(흐) 페흐메

식료품점&마트

💬 청과물 코너는 어디인가요?

Où est le rayon des fruits et légumes ?
우 에 르 헤이용 데 프휘 제 레귐?

💬 우유 살 땐 유통 기한을 확인하세요.

Quand vous achetez du lait, vérifiez sa date de péremption.
깡 부 자슈떼 뒤 레, 베히피에 싸 다뜨 드 뻬헝씨옹

💬 그는 항상 집 근처 식료품점에서 치즈를 사요.

Il achète toujours du fromage dans l'épicerie près de chez lui.
일 라쉐뜨 뚜주 뒤 프호마즈 당 레삐쓰히 프해 드 쉐 뤼

💬 로랑스는 아직 어려서 마트의 사탕 코너에서 떠나질 않아요.

Laurence est encore jeune. C'est pourquoi elle ne quitte pas le rayon des bonbons au supermarché.
로헝쓰 에 떵꼬(흐) 죈. 쎄 뿌흐꾸아 엘 느 낏뜨 빠 르 헤이용 데 봉봉 오 쉬뻬마흐쉐

💬 제 오빠는 맨날 인스턴트 식품만 사요.

Mon grand frère n'achète que des aliments instantanés tous les jours.
몽 그항 프해(흐) 나쉐뜨 끄 데 잘리멍 앵스땅따네 뚜 레 주흐

💬 마트에서 장을 보는 게 경제적이에요.

Faire des courses au supermarché est économique.
페(흐) 데 꾸흐쓰 오 쉬뻬마흐쉐 에 떼꼬노미끄

벼룩시장

💬 저는 일요일 오전마다 아이들과 벼룩시장 구경을 가요.

Je vais au marché aux puces avec mes enfants tous les dimanches matins.
즈 베 조 마흐쉐 오 쀠쓰 아베끄 메 정팡 뚜 레 디망슈 마땡

💬 쉬잔은 벼룩시장에서 오래된 책들을 자주 구입해요.

Suzanne achète souvent des vieux livres au marché aux puces.

쒸잔 아쉐뜨 쑤벙 데 비으 리브(흐) 오 마흐쉐 오 쀠쓰

💬 때때로 그녀는 자신이 갖고 있던 책들을 벼룩시장에서 팔기도 하죠.

Elle vendait parfois ses livres au marché aux puces.

엘 벙데 빠흐푸아 쎄 리브(흐) 오 마흐쉐 오 쀠쓰

💬 어제 벼룩시장에서 신발 두 켤레를 샀어요.

J'ai acheté deux paires de chaussures au marché aux puces hier.

줴 아슈떼 드 뻬(흐) 드 쇼쒸(흐) 오 마흐쉐 오 쀠쓰 이에

💬 그는 벼룩시장에서 멋진 의자 하나를 단돈 10유로에 샀다.

Il a acheté une chaise chic pour juste dix euros au marché aux puces.

일 라 아슈떼 윈 쉐즈 쉬끄 뿌흐 쥐스뜨 디 즈호 오 마흐쉐 오 쀠쓰

할인

💬 이제 곧 여름 세일 기간이야!

Les soldes d'été, c'est bientôt !
레 쏠드 데떼, 쎄 비엉또!

💬 백화점에서 최대 90%까지 할인을 하고 있다.

Le grand magasin fait des soldes jusqu'à moins quatre-vingt-dix pourcent.
르 그항 마갸쟁 페 데 쏠드 쥐스꺄 무앙 꺄트(흐)뱅디쓰 뿌흐썽

💬 치약 두 개를 사시면 20% 할인해 드립니다.

Pour l'achat de deux dentifrices, vous avez une réduction de vingt pourcent.
뿌흐 라샤 드 드 덩띠프히쓰, 부 자베 윈 헤뒥씨옹 드 뱅 뿌흐썽

💬 재고 정리 세일 중입니다.

Nous sommes en liquidation.
누 쏨 정 리끼다씨옹

💬 언제까지 세일인가요?

Jusqu'à quand durent les soldes ?
쥐스꺄 깡 뒤(흐) 레 쏠드?

💬 이 바지는 표시된 가격에서 얼마나 할인되나요?

Quelle est la réduction sur le prix affiché de ce pantalon ?
껠 레 라 헤뒥씨옹 쒸흐 르 프히 아피쉐 드 쓰 빵딸롱?

계산하기

💬 전부 얼마인가요?

C'est combien au total ?
쎄 꽁비엉 오 또딸?
Au total, ça fait combien ?
오 또딸, 싸 페 꽁비엉?

💬 어떻게 계산하시겠어요?

Comment voulez-vous payer ?
꼬멍 불레부 뻬이예?

💬 신용 카드로 결제할게요.

Je vais payer par carte bancaire.
즈 베 뻬이예 빠흐 꺄흐뜨 방께(흐)

💬 현금으로 할게요.

Je vais payer en liquide.
즈 베 뻬이예 엉 리끼드
Je vais payer en espèces.
즈 베 뻬이예 어 네스빼쓰

💬 잔돈 있으세요?

Auriez-vous de la monnaie ?
오히에부 들 라 모네?

💬 영수증 드릴까요?

Voulez-vous un reçu ?
불레부 엉 흐쒸?

💬 영수증은 버려 주세요.

Jetez le reçu, s'il vous plaît.
즈떼 르 흐쒸, 씰 부 쁠레
Pouvez-vous jeter le reçu, s'il vous plaît ?
뿌베부 즈떼 르 흐쒸, 씰 부 쁠레?

할부 구매

💬 일시불로 하시겠어요 할부로 하시겠어요?

Payez-vous en une seule fois ou à crédit ?
뻬이예부 엉 윈 쐴 푸아 우 아 크헤디?

💬 무이자 할부는 몇 개월인가요?

Sur combien de mois est-il possible de payer à crédit sans intérêts ?
쒸흐 꽁비엉 드 무아 에띨 뽀씨블르 드 뻬이예 아 크헤디 쌍 쟁떼헤?

💬 5개월까지 할부 가능합니다.

Il est possible de payer sur cinq mois.
일 레 뽀씨블르 드 뻬이예 쒸흐 쌩 무아

💬 3개월로 해 주세요.

Je veux payer sur trois mois.
즈 브 뻬이예 쒸흐 트후아 무아

💬 할부로 하면 이 품목은 할인이 적용되지 않습니다.

Si vous payer à crédit, cette article ne sera pas en promotion.
씨 부 뻬이예 아 크헤디, 쎗뜨 아흐띠끌 느 쓰하 빠 정 프호모씨옹

💬 일시불로 할게요.

Je vais payer en une seule fois.
즈 베 뻬이예 엉 윈 쐴 푸아

💬 여기 서명해 주세요.

Signez ici, s'il vous plaît.
씨녜 이씨, 씰 부 쁠레

환불 & 교환

💬 환불 가능한가요?

Pourriez-vous me rembourser ?
뿌히에부 므 헝부흐쎄?

💬 영수증 없이 환불 가능한가요?

Est-ce que vous pouvez me rembourser sans reçu ?
에스끄 부 뿌베 므 헝부흐쎄 쌍 흐쒸?

💬 환불 가능한 기간은 언제까지예요?

Quel est le délai de remboursement ?
껠 레 르 델레 드 헝부흐쓰멍?

💬 일주일 안에 환불 가능합니다.

Vous pouvez être remboursé dans les huit jours.
부 뿌베 제트(흐) 헝부흐쎄 당 레 위 주흐

💬 어제 산 양말에 구멍이 나 있어서 교환하고 싶어요.

Je voudrais échanger les chaussettes que j'ai achetées hier, car elles sont trouées.
즈 부드헤 에샹제 레 쇼쎘뜨 끄 줴 아슈떼 이에, 꺄흐 엘 쏭 트후에

💬 이 코트 지금이라도 교환할 수 있을까요?

Est-ce que je peux échanger ce manteau maintenant ?

에스끄 즈 쁘 에샹제 쓰 망또 맹뜨낭?

Unité 3 병원&약국

진료 예약 & 접수

💬 진료 받으려고 해요.

Je voudrais consulter un médecin.
즈 부드헤 꽁쒈떼 엉 메드쌩
J'aimerais voir un médecin.
줴므헤 부아 엉 메드쌩

💬 미셸 선생님께 진료 예약하고 싶어요.

Je voudrais avoir (un) rendez-vous avec le Docteur Michel.
즈 부드헤 자부아 (엉) 헝데부 아베끄 르 독뙤 미셸

💬 그분과 오늘 오후에 진료 예약 가능할까요?

Est-ce que je peux prendre rendez-vous avec lui cet après-midi ?
에스끄 즈 쁘 프헝드(흐) 헝데부 아베끄 뤼 쎄 따프해미디?

💬 죄송하지만 스케줄이 이미 꽉 찼어요.

Je suis désolé(e), mais son emploi du temps est déjà plein.
즈 쒸 데졸레, 메 소 넝쁠루아 뒤 떵 에 데자 쁠랭

💬 언제 진료받을 수 있을까요?

> Quand pourrais-je voir le médecin ?
> 깡 뿌헤즈 부아 르 메드쌩?

💬 전화로 예약했어요.

> J'ai réservé par téléphone.
> 줴 헤제흐베 빠흐 뗄레폰
> J'ai pris rendez-vous par téléphone.
> 줴 프히 헝데부 빠흐 뗄레폰

진찰실

💬 어디가 아프세요?

> Où avez-vous mal ?
> 우 아베부 말?

💬 증상이 어떤가요?

> Quels sont vos symptômes ?
> 껠 쏭 보 쌩똠?

💬 최근에 뭘 드셨죠?

Qu'est-ce que vous avez récemment mangé ?
께스끄 부 자베 헤싸멍 망제?

💬 언제부터 아프셨어요?

Depuis quand avez-vous mal ?
드쀠 깡 아베부 말?

💬 전에 병을 앓으신 적 있나요?

Quels sont vos antécédents ?
껠 쏭 보 장떼쎄덩?

💬 진찰하도록 셔츠를 벗어 주세요.

Enlevez votre chemise pour que je puisse vous examiner, s'il vous plaît.
엉르베 보트(흐) 슈미즈 뿌흐 끄 즈 쀠쓰 부 제그자미네, 씰 부 쁠레

💬 숨을 깊이 들이쉬세요.

Inspirez profondément.
앵스삐헤 프호퐁데멍
Prenez une respiration profonde.
프흐네 윈 헤스뻬하씨옹 프호퐁드

291

외과

💬 발목을 삐었어요.

Je me suis foulé(e) la cheville.
즈 므 쒸 풀레 라 슈비이
Je me suis tordu(e) la cheville.
즈 므 쒸 또흐뒤 라 슈비이
J'ai la cheville foulée.
줴 라 슈비이 풀레

💬 이틀 전부터 무릎이 아파요.

J'ai mal au genou depuis deux jours.
줴 말 오 즈누 드쀠 드 주흐

💬 교통사고 후 허리가 계속 아파요.

Depuis mon accident de voiture, j'ai tout le temps mal au dos.
드쀠 모 낙씨덩 드 부아뛰(흐), 줴 뚜 르 떵 말 오 도

💬 손목이 부었어요.

J'ai le poignet enflé.
줴 르 뿌아녜 엉플레
Mon poignet a enflé.
몽 푸아녜 아 엉플레

💬 어깨가 결려요.

J'ai l'épaule endolorie.
쥬 레뽈 엉돌로히

💬 어깨가 너무 아파서 잠을 잘 수가 없었어요.

J'avais tellement mal aux épaules, que je n'ai pas pu dormir.
자베 뗄멍 말 로 제뽈, 끄 즈 네 빠 쀠 도흐미

내과 - 감기

💬 감기에 걸린 것 같아요.

Je pense avoir attrapé un rhume.
즈 뻥쓰 아부아 아트하뻬 엉 휨

💬 콧물이 나요.

J'ai le nez qui coule.
쥬 르 네 끼 꿀

💬 코 안이 헐었어요.

J'ai le nez irrité.
쥬 르 네 이히떼

- 침을 삼킬 때마다 목이 아파요.

  J'ai mal à la gorge quand j'avale ma salive.
  쉐 말 알 라 고흐즈 깡 자발 마 쌀리브

- 쉬지 않고 기침이 나요.

  Je tousse sans arrêt.
  즈 뚜쓰 쌍 자헤

- 머리가 깨질 듯이 아파요.

  J'ai atrocement mal à la tête.
  쉐 아트호쓰멍 말 알 라 떼뜨

- 집에서 이 약을 먹고 푹 쉬면 좋아질 거예요.

  Vous irez mieux si vous prenez ces médicaments et que vous vous reposez.
  부 지헤 미으 씨 부 프흐네 쎄 메디꺄멍 에 끄 부 부 흐뽀제

내과 - 열

💬 루카는 어젯밤부터 열이 있어요.

Lucas a de la fièvre depuis hier soir.
루까 아 들 라 피애브(흐) 드뿨 이에 쑤아

💬 전 미열이 있어요.

J'ai un peu de fièvre.
줴 엉 쁘 드 피애브(흐)
J'ai une légère fièvre.
줴 윈 레재(흐) 피애브(흐)

💬 체온을 재겠습니다.

Je vais prendre votre température.
즈 베 프헝드(흐) 보트(흐) 떵뻬하뛰(흐)

💬 체온이 38도예요.

Vous avez trente-huit de température.
부 자베 트헝뜨위뜨 드 떵뻬하뛰(흐)

💬 열이 내려가도록 냉찜질을 하세요.

Faites une compresse glacée pour faire baisser la fièvre.
페드 원 꽁프헤쓰 글라쎄 뿌흐 페(흐) 베쎄 라 피애브(흐)

Pour faire baisser la fièvre, appliquer une compresse glacée.
뿌흐 페(흐) 베쎄 라 피애브(흐), 아쁠리께 원 꽁프헤쓰 글라쎄

💬 해열제를 처방해 드리겠습니다.

Je vais vous prescrire un médicament qui vous fera baisser la fièvre.
즈 베 부 프헤스크히(흐) 엉 메디꺄멍 끼 부 프하 베쎄 라 피애브(흐)

내과 - 소화기

💬 배가 아파요.

J'ai mal au ventre.
줴 말 오 벙트(흐)

💬 위장이 쓰려요.

J'ai mal à l'estomac.
쥐 말 아 레스또마

💬 속이 메스꺼워요.

Je me sens nauséeux (nauséeuse).
즈 므 썽 노제으 (노제으즈)
J'ai la nausée (des nausées).
쥐 라 노제 (데 노제)

💬 식사할 때마다 토할 것 같아요.

J'ai la nausée (des nausées) quand je mange.
쥐 라 노제 (데 노제) 깡 즈 망쥬
J'ai la nausée à chaque fois que je mange.
쥐 라 노제 아 샤끄 푸아 끄 즈 망쥬

💬 식사 후 속이 거북해요.

J'ai l'estomac lourd après les repas.
쥐 레스또마끄 루흐 아프해 레 흐빠

💬 설사를 자주 해요.

J'ai souvent la diarrhée.
쥬 쑤벙 라 디아헤

💬 매운 음식을 먹으면 위가 화끈거려요.

J'ai des brûlures d'estomac quand je mange de la nourriture épicée.
쥬 데 브휠류(흐) 데스또마 깡 즈 망즈 들 라 누히뛰(흐) 에삐쎄

치과-치통

💬 이가 몹시 아파요.

J'ai trop mal à la dent.
(여러 개의 이가 아플 경우 'à la dent' 대신 'aux dents'으로)
쥬 트호 말 알 라 덩

J'ai une rage de dent.
(여러 개의 이가 아플 경우 'dent' 대신 'dents'으로)
쥬 윈 하즈 드 덩

💬 사랑니가 나면서 엄청 아파요.

Quand ma dent de sagesse est sortie, ça m'a fait très mal.
깡 마 덩 드 싸제쓰 에 쏘흐띠, 싸 마 페 트해 말

💬 씹을 때마다 오른쪽 어금니가 아파요.

J'ai mal à une molaire du côté droit quand je mâche.
줴 말 아 윈 몰레(흐) 뒤 꼬떼 드후아 깡 즈 마슈

💬 어금니가 흔들려요.

J'ai une molaire qui remue.
줴 윈 몰레(흐) 끼 흐뮈

💬 양치질 할 때 잇몸에서 피가 나요.

Quand je me brosse les dents, mes gencives saignent.
깡 즈 므 브호쓰 레 덩, 메 정씨브 쎄뉴

💬 치석 제거를 하면 괜찮아질 겁니다.

Vous irez bien une fois que vous aurez détartré vos dents.
부 지헤 비엉 원 푸아 끄 부 조헤 데따흐트헤 보 덩

Vous irez mieux après un détartrage (des dents).
부 지헤 미으 아프해 엉 데따흐트하즈 (데 덩)

치과 - 충치

💬 어금니 하나가 썩었어요.

J'ai une molaire cariée.
줴 원 몰레(흐) 꺄히에

💬 충치가 심해진 것 같아요.

Je pense que ma carie s'aggrave.
즈 뺑스 끄 마 꺄히 싸그하브

💬 충치가 엄청 쑤셔요.

J'ai trop mal à la dent cariée.
줴 트호 말 알 라 덩 꺄히에

Ma carie me fait trop mal.
마 꺄히 므 페 트호 말

💬 찬물을 마실 때마다 어금니가 시려요.

À chaque fois que je bois de l'eau froide, j'ai mal à ma molaire.
아 샤끄 푸아 끄 즈 부아 드 로 프후아드, 줴 말 아 마 몰레(흐)

💬 충치를 때워야 합니다.

Il faut plomber votre dent cariée.
일 포 쁠롱베 보트(흐) 덩 꺄히에

💬 이를 빼야 합니다.

Il faut qu'on enlève cette dent.
일 포 꽁 엉래브 쎗뜨 덩

Il faudrait extraire cette dent.
일 포드헤 엑스트헤(흐) 쎗뜨 덩

Il faut vous faire enlever la dent.
(다른 사람이 내 이에 대해 이야기할 때)
일 포 부 페(흐) 엉르베 라 덩

기타 진료

💬 어지럼증이 있어요.

J'ai un vertige.
쥬 엉 베흐띠즈

💬 코피가 자주 나요.

Je saigne souvent du nez.
즈 쎄뉴 쑤벙 뒤 네
Mon nez saigne souvent.
몽 네 쎄뉴 쑤벙

💬 온몸에 두드러기가 났어요.

J'ai de l'urticaire sur tout mon corps.
쥬 드 뤼흐띠께(흐) 쒸흐 뚜 몽 꼬흐

💬 빈혈이 있어요.

Je souffre d'anémie.
즈 쑤프(흐) 다네미

💬 눈에 뭐가 들어갔어요.

J'ai quelque chose dans l'œil.
쥬 껠끄 쇼즈 당 뢰이

💬 임신한 것 같아요.

Je pense que je suis enceinte.
즈 뻥쓰 끄 즈 쒸 정쌩뜨

💬 몇 달째 생리를 하지 않았어요.

Je n'ai pas mes règles depuis plusieurs mois.
즈 네 빠 메 해글 드쀠 쁠뤼지외 무아

입원 & 퇴원

💬 입원 수속을 하려고 해요.

Je vais remplir les formalités d'hospitalisation.
즈 베 헝쁠리 레 포흐말리떼 도스삐딸리자씨옹
Je viens pour remplir les formalités d'hospitalisation.
즈 비엉 뿌흐 헝쁠리 레 포흐말리떼 도스삐딸리자씨옹

💬 입원해야 하나요?

Dois-je être hospitalisé(e) ?
두아즈 에트(흐) 오스삐딸리제?

💬 얼마나 입원해야 하나요?

Combien de temps dois-je être hospitalisé(e) ?
꽁비엉 드 떵 두아즈 에트(흐) 오스삐딸리제?

💬 가능하면 1인실로 해 주세요.

Si c'est possible, j'aimerais avoir une chambre privée.
씨 쎄 뽀씨블르, 줴므헤 아부아 윈 샹브(흐) 프히베

💬 언제 퇴원할 수 있나요?

Quand pourrais-je sortir de l'hôpital ?
깡 뿌헤즈 쏘흐띠 드 로뻬딸?

💬 퇴원 절차가 어떻게 되나요?

Quel est le processus pour sortir de l'hôpital ?
껠 레 르 프호쎄쒸 뿌흐 쏘흐띠 드 로뻬딸?

수술

💬 그는 위독한 상태입니다.

Il est tombé dans un état critique.
일 레 똥베 당 저 네따 크히띠끄

💬 당장 수술을 받아야 합니다.

Il doit immédiatement subir une opération.
일 두아 이메디아뜨멍 쒸비 윈 오뻬하씨옹

💬 수술하기 위해서 보호자의 동의가 필요합니다.

Pour pouvoir subir l'opération, il a besoin de l'autorisation de son tuteur.
뿌흐 뿌부아 쒸비 로뻬하씨옹, 일 라 브주앙 드

로또히자씨옹 드 쏭 뛰뙤

💬 수술받은 적 있나요?

Avez-vous déjà eu des opérations ?
아베부 데자 위 데 조뻬하씨옹?

💬 맹장 수술을 했어요.

J'ai été opéré de l'appendicite.
줴 에떼 오뻬헤 들 라뻥디씨뜨

💬 그는 대수술을 받았다.

Il a subi une opération importante.
일 라 쒸비 윈 오뻬하씨옹 앵뽀흐땅뜨

병원비 & 의료보험

💬 이번 진료비는 얼마죠?

C'est combien pour cette visite ?
쎄 꽁비엉 뿌흐 쎗뜨 비지뜨?

💬 의료보험에 가입하셨나요?

Est-ce que vous avez une assurance médicale ?
에스끄 부 자베 윈 아쒸항쓰 메디꺌?
Est-ce que vous avez pris une assurance médicale ?
에스끄 부 자베 프히 윈 아쒸항쓰 메디꺌?

💬 저는 의료보험에 가입되어 있어요.

J'ai pris une assurance médicale.
줴 프히 윈 아쒸항쓰 메디꺌

💬 보험사에 제출할 진단서와 영수증을 받고 싶어요.

J'ai besoin du certificat médical et de la facture pour l'assurance.
쮀 브주앙 뒤 쎄흐띠피꺄 메디꺌 에 들 라 팍뛰(흐) 뿌흐 라쒸헝쓰

💬 모든 비용이 보험 처리가 되나요?

Est-ce que tous les frais seront remboursés ?
에스끄 뚜 레 프헤 쓰홍 헝부흐쎄?

💬 일부 의약품은 보험 적용이 되지 않습니다.

Certains médicaments ne sont pas assurés.
쎄흐땡 메디꺄멍 느 쏭 빠 자쒸헤

문병

💬 그가 입원한 곳이 몇 호실이죠?

Dans quelle chambre est-il ?
당 껠 샹브(흐) 에띨?
Quel est le numéro de sa chambre ?
껠 레 르 뉘메호 드 싸 샹브(흐)?

💬 그에게 뭘 가져다주면 될까요?

Qu'est-ce que l'on pourrait lui apporter ?
께스끄 롱 뿌헤 뤼 아뽀흐떼?

💬 몸은 좀 어때요?

Comment ça va ?
꼬멍 싸 바?

💬 훨씬 좋아졌어요.

Ça va mieux.
싸 바 미으

💬 퇴원은 언제 하나요?

Quand allez-vous sortir de l'hôpital ?
깡 알레부 쏘흐띠 드 로삐딸?

💬 빨리 회복되길 바랍니다.

J'espère que vous vous rétablirez vite.
줴스빼(흐) 끄 부 부 헤따블리헤 비뜨

💬 심각한 병이 아니길 바랍니다.

J'espère que ce n'est rien de grave.
줴스빼(흐) 끄 쓰 네 히엉 드 그하브

처방전

💬 처방전을 써 드리겠습니다.

Je vais vous faire une ordonnance.
즈 베 부 페(흐) 윈 오흐도낭쓰

💬 사흘치 약을 처방해 드리겠습니다.

Je vais vous prescrire des médicaments pour trois jours.
즈 베 부 프헤스크히(흐) 데 메디꺄멍 뿌흐 트후아 주흐

💬 현재 복용하는 약이 있나요?

Y a-t-il des médicaments que vous prenez actuellement ?
이아띨 데 메디꺄멍 끄 부 프흐네 악뛰엘멍?

💬 혈압약을 복용하고 있어요.

Je prends un médicament pour la tension.
즈 프헝 엉 메디꺄멍 뿌흐 라 떵씨옹

💬 이 약은 식후에 드셔야 합니다.

Vous devez prendre ce médicament après le repas.
부 드베 프헝드(흐) 쓰 메디꺄멍 아프해 르 흐빠

💬 아기에게 시럽을 먹이세요.

Donnez le sirop à votre bébé.
도네 르 씨호 아 보트(흐) 베베

💬 이 약에 부작용은 없나요?

Est-ce qu'il n'entraîne pas des effets secondaires ?
에스낄 넝트렌 빠 데 제페 쓰공데(흐)?

약국

💬 진통제 있나요?

Avez-vous un analgésique ?
아베부 어 나날제지끄?
Avez-vous un antalgique ?
아베부 어 낭딸지끄?

💬 수면제 좀 주세요.

Je voudrais un somnifère.
즈 부드헤 엉 쏨니패(흐)

💬 하루에 몇 알씩 먹어야 하나요?

Combien de comprimés dois-je prendre par jour ?
꽁비엉 드 꽁프히메 두아즈 프헝드(흐) 빠흐 주흐?

💬 처방전 없이 감기약을 살 수 있나요?

Est-ce que c'est possible d'acheter un médicament contre le rhume sans ordonnance ?
에스끄 쎄 뽀씨블르 다슈떼 엉 메디꺄멍 꽁트(흐) 르 휨 쌍 조흐도낭쓰?

💬 반창고 한 통 주세요.

Je voudrais un rouleau de bande adhésive.
즈 부드헤 엉 훌로 드 방드 아데지브

💬 상처에 바르는 연고가 필요해요.

J'ai besoin d'une pommade que je puisse appliquer sur ma blessure.
쮀 브주앙 된 뽀마드 끄 즈 쀠쓰 아쁠리께 쒸흐 마 블레쒸(흐)

Unité 4 은행&우체국　　　MP3. C04_U04

계좌 개설

💬 계좌를 개설하고 싶습니다.

Je voudrais ouvrir un compte bancaire.
즈 부드헤 우브히 엉 꽁뜨 방께(흐)

💬 보통 예금 계좌를 원하시나요?

Est-ce que vous voulez ouvrir un compte courant ?
에스끄 부 불레 우브히 엉 꽁뜨 꾸항?

💬 단기 적금 하나 들고 싶어요.

Je voudrais ouvrir un compte d'épargne à court terme.
즈 부드헤 주브히 엉 꽁뜨 에빠흐뉴 아 꾸흐 떼흠므

💬 이율이 높은 적금으로 뭐가 있나요?

Quel compte épargne à un taux d'intérêt élevé ?
껠 꽁뜨 에빠흐뉴 아 엉 또 댕떼헤 엘르베?

💬 이율은 어떻게 되나요?

À combien est le taux d'intérêt ?
아 꽁비엉 에 르 또 댕떼헤?

💬 고정 금리로 4.1%입니다.

Le taux d'intérêt fixe est à quatre virgule un pourcent.
르 또 댕떼헤 픽쓰 에 따 꺄트(흐) 비흐귈 엉 뿌흐썽

입출금

💬 계좌에 100유로 예금해 주세요.

Je voudrais déposer cent euros sur un compte.
즈 부드헤 데뽀제 썽 뜨호 쒸흐 엉 꽁뜨

💬 내일 오전 은행에 500유로를 입금해야 해요.

Je dois déposer cinq cent euros à la banque demain matin.
즈 두아 데뽀제 쌩 썽 으호 알 라 방끄 드맹 마땡

- 제 계좌에서 200유로 찾고 싶습니다.

  Je voudrais retirer deux cent euros de mon compte.
  즈 부드헤 흐띠헤 드 썽 으호 드 몽 꽁뜨

- 100유로는 수표로 주시고, 나머지는 현금으로 주세요.

  Je voudrais cent euros par chèque, le reste en espèces.
  즈 부드헤 썽 으호 빠흐 쉐끄, 르 헤스뜨 어 네스빼쓰

- 본인 확인 번호를 눌러주세요.

  Veuillez taper votre code d'identification.
  뵈이에 따베 보트(흐) 꼬드 디덩띠피꺄씨옹

- 적금이 만기되었어요.

  Mon compte épargne est arrivé à l'échéance.
  몽 꽁뜨 에빠흐뉴 에 따히베 알 레쉐앙쓰

- 적금을 깨고 싶어요.

  Je voudrais fermer le compte épargne.
  즈 부드헤 페흐메 르 꽁뜨 에빠흐뉴

송금

💬 내일 네 계좌로 200유로 송금할게.

J'enverrai deux cent euros sur ton compte demain.
정브헤 드 썽 으호 쒸흐 똥 꽁뜨 드맹

💬 송금하기 전에 통장 잔고를 확인하세요.

Vérifiez votre solde bancaire avant de faire le virement.
베히피에 보트(흐) 쏠드 방께(흐) 아방 드 페(흐) 르 비흐멍

💬 계좌 이체를 하고 싶어요.

Je voudrais faire un virement.
즈 부드헤 페(흐) 엉 비흐멍

💬 계좌 이체를 하는데 비밀번호를 잘못 입력했어요.

Je me suis trompé dans mon mot de passe alors que je faisais un virement.
즈 므 쒸 트홍빼 당 몽 모 드 빠쓰 알로 끄 즈 프제 엉 비흐멍

💬 송금할 땐 반드시 수취인 이름을 확인해야 해요.

Quand vous faites un virement, il faut bien vérifier le nom du bénéficiaire.
깡 부 페뜨 엉 비흐멍, 일 포 비엉 페히피에 르 농 뒤 베네피씨에(흐)

💬 송금 수수료는 얼마죠?

À combien sont les frais pour un virement ?
아 꽁비엉 쏭 레 프헤 뿌흐 엉 비흐멍?

Combien coûte les frais pour un virement ?
꽁비엉 꾸뜨 레 프헤 뿌흐 엉 비흐멍?

현금 인출기 사용

💬 여기에서 제일 가까운 현금 자동 인출기가 어디에 있나요?

Où est le distributeur automatique de billets le plus près d'ici ?
우 에 르 디스트히뷔뙤 오또마띠끄 드 비에 르 쁠뤼 프해 디씨?

💬 현금 인출기에서 제 카드가 안 빠져요.

Ma carte ne sort pas du distributeur de billets.
마 꺄흐뜨 느 쏘흐 빠 뒤 디스트히뷔푀 드 비에

💬 프랑스에서는 현금 인출기에서 수표 인출이 가능한가요?

En France, est-il possible de retirer des espèces avec un chèque au distributeur de billets ?
엉 프항쓰, 에띨 뽀씨블르 드 흐띠헤 데 제스빼쓰 아베끄 엉 쉐끄 오 디스트히뷔푀 드 비에?

💬 현금 인출기를 사용할 땐 주위의 소매치기를 조심하세요.

Faites attention aux pickpockets quand vous retirez de l'argent du distributeur de billets.
페뜨 아떵씨옹 오 삑뽀께 깡 부 흐띠헤 드 라흐정 뒤 디스트히뷔푀 드 비에

💬 이 현금 인출기는 고장 난 것 같아요.

Je pense que ce distributeur de billets est en panne.
즈 뻥쓰 끄 쓰 디스트히뷔뙤 드 비에 에 떵 빤

신용 카드

💬 신용 카드를 만들고 싶어요.

Je voudrais avoir une carte bancaire.
즈 부드헤 자부아 윈 꺄흐뜨 방께(흐)

💬 분실한 카드를 정지시켜 주세요.

Je voudrais désactiver une carte perdue.
즈 부드헤 데작띠베 윈 꺄흐뜨 뻬흐뒤
Je voudrais faire opposition à ma carte bancaire car je l'ai perdue.
즈 부드헤 페(흐) 오뽀지씨옹 아 마 꺄흐뜨 방께(흐) 꺄흐 즈 레 뻬흐뒤

💬 카드 한도액을 늘리고 싶어요.

Je voudrais augmenter la limite de ma carte de crédit.
즈 부드헤 조그멍떼 라 리미뜨 드 마 꺄흐뜨 드 크헤디

💬 이번 달 카드값이 너무 많이 나왔어!

J'ai beaucoup trop utilisé ma carte bleue ce mois-ci !
줴 보꾸 트호 쀠띨리제 마 꺄흐뜨 블르 쓰 무아씨!

💬 지난 달 카드값은 다른 신용 카드로 막았어.

J'ai réglé le montant de ma carte de crédit du mois dernier à l'aide d'une autre carte de crédit.
줴 헤글레 르 몽땅 드 마 꺄흐뜨 드 크헤디 뒤 무아 데흐니에 아 레드 뒨 오트(흐) 꺄흐뜨 드 크헤디

💬 이 가게는 신용 카드를 받지 않아요.

Ce magasin ne prend pas les cartes bancaires.
쓰 마갸쟁 느 프헝 빠 레 꺄흐뜨 방께(흐)

환전

💬 환전하고 싶습니다.

Je voudrais changer de l'argent.
즈 부드헤 샹제 드 라흐정

💬 원화를 유로화로 바꾸고 싶어요.

Je voudrais changer des wons contre des euros.
즈 부드헤 샹제 데 원 꽁트(흐) 데 즈호

💬 환전소가 어디 있죠?

Où est le bureau de change ?
우 에 르 뷔호 드 샹즈?

💬 은행에서 환전하는 게 더 나아요.

Il vaut mieux changer l'argent à la banque.
일 보 미으 샹제 라흐정 알 라 방끄

💬 거액을 환전하려면 은행으로 가야 해요.

On doit aller à la banque pour changer une grosse somme.
옹 두아 딸레 알 라 방끄 뿌흐 샹제 윈 그호쓰 쏨

💬 환전 수수료는 얼마인가요?

À combien s'élève les commissions de change ?
아 꽁비엉 셀래브 레 꼬미씨옹 드 샹즈?

환율

💬 오늘 유로 환율이 어떻게 되나요?

Quel est le taux de change de l'euro aujourd'hui ?
껠 레 르 또 드 샹즈 드 르호 오주흐뒤?

💬 원화를 유로로 바꾸는 환율이 어떻게 되나요?

Quel est le taux pour changer des wons contre des euros ?
껠 레 르 또 뿌흐 샹제 데 원 꽁트(흐) 데 즈호?

💬 현재 1유로가 1,380원입니다.

À l'heure actuelle l'euro s'échange à mille trois cent quatre-vingt wons.
알 뢰(흐) 악뛰엘 르호 쎄샹즈 아 밀 트후아 썽 꺄트(흐) 뱅 원

💬 환율 변동이 심해요.

La fluctuation du taux de change est forte.
라 플뤽뛰아씨옹 뒤 또 드 샹즈 에 포흐뜨

💬 어제보다 환율이 더 떨어졌어요.

Le taux de change est plus bas qu'hier.
르 또 드 샹즈 에 쁠뤼 바 끼에

💬 환전하기 전에 미리 환율을 확인할 필요가 있죠.

Avant de changer de l'argent, il faut vérifier le niveau du taux de change.
아방 드 샹제 드 라흐정, 일 포 베히피에 르 니보 뒤 또 드 샹즈

대출

💬 대출을 받고 싶습니다.

Je voudrais emprunter de l'argent.
즈 부드헤 엉프헝떼 드 라흐정

323

💬 담당자를 만나 대출 정보를 얻고 싶어요.

J'aimerais rencontrer un conseiller pour avoir des informations sur les emprunts.
쥬므헤 헝꽁트헤 엉 꽁쎄이에 뿌흐 아부아 데 쟁포흐마씨옹 쉬흐 레 정프헝

💬 주택 융자를 받을 수 있을까요?

Est-ce que je peux obtenir un prêt au logement ?
에스끄 즈 쁘 옵뜨니 엉 프헤 오 로즈멍?

💬 대출을 받으려면 어떤 자격이 필요한가요?

Quelle qualification faut-il pour emprunter de l'argent ?
껠 깔리피꺄씨옹 포띨 뿌흐 엉프헝떼 드 라흐정?

💬 대출 금리가 얼마인가요?

À combien est le taux de crédit ?
아 꽁비엉 에 르 또 드 크헤디?

💬 대출 한도액이 어떻게 되죠?

Quel est le plafond de crédit ?
껠 레 르 쁠라퐁 드 크헤디?

Quel est le montant limité de crédit ?
껠 레 르 몽땅 리미떼 드 크헤디?

은행 기타

💬 수표를 현금으로 바꾸고 싶어요.

Je voudrais encaisser un chèque.
즈 부드헤 엉께쎄 엉 쉐끄

💬 인터넷 뱅킹을 신청하고 싶어요.

Je voudrais accéder aux services bancaires en ligne.
즈 부드헤 악쎄데 오 쎄흐비쓰 방께(흐) 엉 린뉴

💬 인터넷 뱅킹 비밀번호를 잊어버렸어요.

J'ai oublié mon mot de passe me permettant d'accéder à la banque en ligne.
줴 우블리에 몽 모 드 빠쓰 므 뻬흐메땅 닥쎄데 알 라 방끄 엉 린뉴

💬 인터넷 뱅킹 사용할 경우 수수료가 없나요?

N'y a-t-il pas de frais lorsque j'utilise les services bancaires en ligne ?
니아띨 빠 드 프헤 로흐스끄 쥐띨리즈 레 쎄흐비쓰 방께(흐) 엉 린뉴?

💬 수수료가 있긴 하지만 좀 더 싸요.

Il y a des commissions, mais c'est moins cher.
일 리 아 데 꼬미씨옹, 메 쎄 무앙 쉐흐

💬 저는 온라인으로 계좌를 관리해요.

Je gère mes comptes en ligne.
즈 재(흐) 메 꽁뜨 엉 린뉴

💬 잔돈으로 바꿔 주시겠어요?

Pouvez-vous me faire de la monnaie ?
뿌베부 므 페(흐) 들 라 모네?

편지 발송

💬 보통 우편으로 편지를 보내고 싶은데요.

Je voudrais envoyer une lettre par courrier ordinaire.
즈 부드헤 엉부아이예 윈 레트(흐) 빠흐 꾸히에 오흐디네(흐)

💬 빠른 우편으로 보내면 얼마가 들까요?

Si je l'envoie par courrier express, cela coûtera combien ?
씨 즈 렁부아 빠흐 꾸히에 엑스프헤쓰, 쓸라 꾸뜨하 꽁비엉?

💬 이 편지를 국제 우편으로 보내고 싶어요.

J'aimerais envoyer cette lettre par courrier international.
줴므헤 엉부아이예 쎗뜨 레트(흐) 빠흐 꾸히에 앵떼흐나씨오날

💬 미국까지 도착하는 데 시간이 얼마나 걸리나요?

Combien de temps met le courrier pour arriver aux États-Unis ?
꽁비엉 드 떵 메 르 꾸히에 뿌흐 아히베 오 제따쥐니?

💬 이건 등기 우편으로 보낼게요.

Je vais envoyer ça en recommandé.
즈 베 엉부아이예 싸 엉 흐꼬망데

💬 우편 번호를 몰라도 편지를 보낼 수 있나요?

Puis-je envoyer la lettre même si je ne connais pas le code postal du destinataire ?
쀠즈 엉부아이예 라 레트(흐) 멤 씨 즈 느 꼬네 빠 르 꼬드 뽀스딸 뒤 데스띠나떼(흐)?

소포 발송

💬 이 소포를 툴루즈로 보내고 싶어요.

Je voudrais envoyer ce colis à Toulouse.
즈 부드헤 엉부아이예 쓰 꼴리 아 뚤루즈

💬 소포용 박스가 있나요?

Y a-t-il des cartons pour les colis ?
이아띨 데 꺄흐똥 뿌흐 레 꼴리?
Avez-vous des cartons pour les colis ?
아베부 데 꺄흐똥 뿌흐 레 꼴리?

💬 소포는 무게에 따라 비용이 정해집니다.

Le prix d'envoi d'un colis varie en fonction de son poids.
르 프히 덩부아 덩 꼴리 바히 엉 퐁씨옹 드 쏭 뿌아

💬 소포의 내용물은 무엇인가요?

Qu'est-ce qu'il y a dans ce colis ?
께스낄 리 아 당 쓰 꼴리?
Quel est le contenu de ce colis ?
껠 레 르 꽁뜨뉘 드 쓰 꼴리?

💬 깨지기 쉬운 물건이 들어있어요.

Il contient des choses fragiles.
일 꽁띠엉 데 쇼즈 프하질

💬 발송 후 배송 조회가 가능한가요?

Est-il possible de suivre le courrier après son expédition ?
에띨 뽀씨블르 드 쉬브(흐) 르 꾸히에 아프해 쏘 넥스뻬디씨옹?

💬 이 소포를 선박 우편으로 보낼 수 있나요?

Est-ce qu'il est possible d'envoyer ce colis par poste maritime ?
에스낄 레 뽀씨블르 덩부아이예 쓰 꼴리 빠흐 뽀스뜨 마히띰?

우체국 기타

💬 우표를 사고 싶어요.

Je voudrais acheter des timbres.
즈 부드헤 아슈떼 데 땡브(흐)

💬 판매 중인 기념 우표가 있나요?

Avez-vous des timbres commémoratifs en vente ?
아베부 데 땡브(흐) 꼬메모하띠프 엉 벙뜨?

💬 국제 등기와 EMS는 어떤 차이가 있나요?

Quelle est la différence entre le courrier recommandé international et le service EMS ?
껠 레 라 디페헝쓰 엉트(흐) 르 꾸히에 흐꼬망데 앵떼흐나씨오날 에 르 쎄흐비쓰 이엠에쓰?

💬 우편환으로 100유로를 송금하고 싶습니다.

Je voudrais envoyer un mandat postal de cent euros.
즈 부드헤 엉부아이예 엉 망다 뽀스딸 드 썽 으호

💬 르네에게 축전을 보내려고 해요.

Je vais envoyer un télégramme de félicitations à Renée.
즈 베 엉부아이예 엉 뗄레그함 드 펠리씨따씨옹 아 흐네

💬 축전 요금은 얼마인가요?

Combien coûte l'envoi d'un télégramme (de félicitations) ?
꽁비엉 꾸뜨 렁부아 덩 뗄레그함 (드 펠리씨따씨옹)?

Unité 5 도서관

도서관

💬 저는 도서관에서 책을 자주 빌려요.

J'emprunte souvent des livres à la bibliothèque.
정프헝뜨 쑤벙 데 리브(흐) 알 라 비블리오때끄

💬 당신이 찾던 책이 도서관에 있어요.

Le livre que vous cherchiez est à la bibliothèque.
르 리브(흐) 끄 부 쉐흐쉬에 에 딸 라 비블리오때끄

💬 이 도서관은 약 5만 권 정도의 책이 있어요.

Cette bibliothèque contient environ cinquante mille livres.
쎗뜨 비블리오때끄 꽁띠엉 엉비홍 쌩깡뜨 밀 리브(흐)

💬 19세기 프랑스 소설은 3층 열람실에 있어요.

Les romans du dix-neuvième siècle se trouvent dans la salle de lecture au deuxième étage.
레 호망 뒤 디즈뇌비앰 씨애끌 쓰 트후브 당 라 쌀 드 렉뛰(흐) 오 드지앰 에따즈

💬 사서가 책을 정리하는 중이에요.

Un(e) bibliothécaire est en train de ranger les livres.
엉(윈) 비블리오떼께(흐) 에 떵 트행 드 항제 레 리브(흐)

💬 도서관에서는 조용히 해야 해요.

Vous devez être silencieux (silencieuse) à la bibliothèque.
부 드베 제트(흐) 씰렁씨으 (씰렁씨으즈) 알 라 비블리오때끄

도서 대출

💬 소설을 대출하고 싶어요.

Je voudrais emprunter un roman.
즈 부드헤 엉프헝떼 엉 호망

💬 어디에서 책을 대출할 수 있나요?

Où peut-on emprunter des livres ?
우 쁘똥 엉프헝떼 데 리브(흐)?

💬 책을 몇 권 대출할 수 있나요?

Combien de livres puis-je emprunter ?
꽁비엉 드 리브(흐) 쀠즈 엉프헝떼?

💬 정기 간행물은 대출할 수 없나요?

Est-il possible d'emprunter les publications périodiques ?
에띨 뽀씨블르 덩프헝떼 레 쀠블리꺄씨옹 뻬히오디끄?

💬 대출 기간은 며칠인가요?

De combien est le délai de prêt ?
드 꽁비엉 에 르 델레 드 프헤?

💬 책을 대출하려면 먼저 도서관 회원증을 만드세요.

Pour emprunter des livres à la bibliothèque, il vous faut créer une carte d'adhérent.
뿌흐 엉프헝떼 데 리브(흐) 알 라 비블리오때끄, 일 부 포 크헤에 윈 꺄흐뜨 다데헝

도서 반납

💬 책은 언제까지 반납해야 하나요?

À quelle date dois-je rendre les livres ?

아 껠 다뜨 두아즈 헝드(흐) 레 리브(흐)?

💬 반납은 1월 6일까지입니다.

Vous devez les rendre au plus tard le six janvier.

부 드베 레 헝드(흐) 오 쁠뤼 따흐 르 씨 장비에

💬 오늘 중으로 책을 반납해 주시면 감사하겠습니다.

Merci de rapporter les livres dans la journée.

메흐씨 드 하뽀흐떼 레 리브(흐) 당 라 주흐네

💬 그 책을 오늘 반납하지 않으면 벌금을 내셔야 합니다.

Si vous ne rendez pas ce livre aujourd'hui, vous devrez payer une amende.

씨 부 느 헝데 빠 쓰 리브(흐) 오주흐뒤, 부 드브헤 뻬이예 윈 아멍드

💬 책을 반납하러 도서관에 가야 해요. 거긴 몇 시까지 여나요?

Je dois aller à la bibliothèque pour rendre un livre. Jusqu'à quelle heure ouvre-t-elle ?
즈 두아 잘레 알 라 비블리오때끄 뿌흐 헝드(흐) 엉 리브(흐). 쥐스꺄 껠 뢰(흐) 우브흐뗄?

💬 그 책은 대출 중입니다. 다음 주 월요일에 반납됩니다.

Ce livre est en lecture. Il sera rendu lundi prochain.
쓰 리브(흐) 에 떵 렉뛰(흐). 일 쓰하 헝뒤 렁디 프호쉥

연체 & 대출 연장

💬 빌린 책을 일주일이나 연체했어요.

J'ai rendu un livre avec une semaine de retard.
줴 헝뒤 엉 리브(흐) 아베끄 윈 쓰멘 드 흐따

💬 연체된 책은 하루에 50상팀씩 내야 해요.

Il faut payer cinquante centimes par jour de retard.
일 포 뻬이예 쌩깡뜨 썽띰 빠흐 주흐 드 흐따

💬 연체료는 1층 대출 창구에서 지불하면 돼요.

Vous pouvez payer l'amende de retard au guichet de prêt au rez-de-chaussée.
부 뿌베 뻬이예 라멍드 드 흐따 오 기쉐 드 프헤 오 헤드쇼쎄

💬 책 대출 기한을 연장하고 싶어요.

Je voudrais prolonger le délai de prêt.
즈 부드헤 프호롱제 르 델레 드 프헤

💬 대출 기한은 언제까지 연장할 수 있나요?

Jusqu'à quand est-il possible de prolonger le délai de prêt ?
쥐스꺄 깡 에띨 뽀씨블르 드 프호롱제 르 델레 드 프헤?

💬 온라인으로 대출 기한 연장이 가능한가요?

Est-il possible de prolonger le délai de prêt en ligne ?
에띨 뽀씨블르 드 프호롱제 르 델레 드 프헤 엉 린뉴?

Unité 6 미술관&박물관

MP3. C04_U06

관람 안내

💬 오르세 미술관은 몇 시에 여나요?

Quand est-ce que le musée d'Orsay est ouvert ?
깡 떼스끄 르 뮈제 도흐쎄 에 뚜베?

💬 오르세 미술관 입장료가 얼마죠?

Combien coûte l'entrée au musée d'Orsay ?
꽁비엉 꾸뜨 렁트헤 오 뮈제 도흐쎄?

💬 일반 입장료는 11유로이고, 학생이면 무료예요.

L'entrée plein tarif est de onze euros. C'est gratuit pour les étudiants.
렁트헤 쁠랭 따히프 에 드 옹즈 으호. 쎄 그하뛰 뿌흐 레 제뛰디앙

💬 오디오 가이드가 필요하면 안내데스크에 문의하세요.

Adressez-vous à l'accueil si vous voulez utiliser un audioguide.
아드헤쎄부 아 라뀌에이 씨 부 불레 쥐띨리제 어 노디오기드

💬 오르세 미술관은 월요일마다 문을 닫아요.

Le musée d'Orsay est fermé tous les lundis.
르 뮈제 도흐쎄 에 페흐메 뚜 레 렁디

💬 관람 시 사진 촬영은 금지입니다.

Il est interdit de prendre des photos pendant la visite.
일 레 땡떼흐디 드 프헝드(흐) 데 포토 뻥당 라 비지뜨

위치 설명

💬 루브르 박물관은 지하철 1호선 팔레루아얄 역에서 가까워요.

Le musée du Louvre est près de la station Palais-Royal sur la ligne une (du métro).
르 뮈제 뒤 루브(흐) 에 프해 들 라 스따씨옹 빨레후아얄 쒸흐 라 린뉴 윈 (뒤 메트호)

💬 루브르 박물관은 피라미드를 통해 들어갈 수 있어요.

On peut entrer dans le musée du Louvre par sa pyramide.
옹 쁘 엉트헤 당 르 뮈제 뒤 루브(흐) 빠흐 싸 삐하미드

💬 마르셀 뒤샹 전시회는 퐁피두 센터 5층에서 해요.

L'exposition de Marcel Duchamp se trouve au quatrième étage du Centre Pompidou.
렉스뽀지씨옹 드 마흐쎌 뒤샹 쓰 트후브 오 꺄트히앰 에따즈 뒤 썽트(흐) 뽕뻬두

💬 오르세 미술관 5층에 카페가 있으니 배고플 때 가 보세요.

Il y a un café au quatrième étage du musée d'Orsay. Allez-y quand vous aurez faim.

일 리 아 엉 꺄페 오 꺄트히앰 에따즈 뒤 뮈제 도흐쎄.
알레지 깡 부 조헤 팽

💬 모나리자는 루브르 박물관 2층 8번 홀에 있어요.

La Joconde se trouve dans la salle huit située au premier étage du musée du Louvre.

라 조꽁드 쓰 트후브 당 라 쌀 위뜨 씨뛰에 오 프흐미에
에따즈 뒤 뮈제 뒤 루브(흐)

기념품 구입

💬 기념품 가게에서 엄마께 드릴 선물을 샀어요.

J'ai acheté un cadeau pour ma mère à la boutique de souvenirs.

쮀 아슈떼 엉 꺄도 뿌흐 마 매(흐) 알 라 부띠끄 드
쑤브니

💬 반 고흐 전시회에 온 기념으로 빈센트 반 고흐 그림 엽서를 샀어요.

En souvenir de l'exposition Van Gogh, j'ai acheté une carte postale de Vincent Van Gogh.
엉 쑤브니 드 렉스뽀지씨옹 방 고그, 쥐 아슈떼 윈 꺄흐드 뽀스딸 드 뱅썽 방 고그

💬 로댕 미술관에서 파는 스카프가 마음에 들어요.

Le foulard vendu au musée Rodin me plaît.
르 풀라 벙뒤 오 뮈제 호댕 므 쁠레

💬 기념품으로 그림이 그려진 자석 2개를 샀는데 50유로나 했어요.

J'ai acheté deux aimants illustrés en souvenirs. Cela m'a coûté cinquante euros.
쥐 아슈떼 드 제망 질뤼스트헤 엉 쑤브니. 쓸라 마 꾸떼 쌩깡뜨 으호

💬 그가 박물관 기념품 가게에서 산 예술 서적은 내게 꼭 필요했던 거였어요.

J'avais besoin du livre sur les Beaux-Arts qu'il a acheté à la boutique du musée.
자베 브주앙 뒤 리브(흐) 쒸흐 레 보자 낄 라 아슈떼 알 라 부띠끄 뒤 뮈제

미술관&박물관 기타

💬 루브르 박물관은 하루 안에 다 구경할 수 없어요.

On ne peut pas visiter tout le musée du Louvre en un jour.
옹 느 쁘 빠 비지떼 뚜 르 뮈제 뒤 루브(흐) 어 넝 주흐

💬 박물관 입구에서 관람객 가방 보안 검사를 해요.

Tous les sacs des visiteurs sont soumis à une fouille de sécurité à l'entrée du musée.
뚜 레 싸끄 데 비지뙤 쏭 쑤미 아 윈 푸이 드 쎄뀌히떼 아 렁트헤 뒤 뮈제

💬 입장권은 어디에서 살 수 있나요?

Où puis-je acheter le billet d'entrée ?
우 쀠즈 아슈떼 르 비에 덩트헤?

💬 입구에 줄이 너무 길어서 들어가려면 한참 기다려야 해요.

La queue étant longue, il faut attendre longtemps avant de pouvoir entrer.
라 끄 에땅 롱그, 일 포 아떵드(흐) 롱떵 아방 드 뿌부아 엉트헤

💬 장애가 있는 분들을 위한 입구가 따로 있어요.

Il y a une autre entrée pour les handicapés.
일 리 아 윈 오트(흐) 엉트헤 뿌흐 레 장디꺄뻬

Unité 7 미용실

미용실 상담

💬 헤어스타일을 바꾸고 싶어요.

Je voudrais changer de coiffure.
즈 부드헤 샹제 드 꾸아퓌(흐)

💬 어떤 스타일을 원하세요?

Quel style voudriez vous ?
껠 스띨 부드히에 부?

💬 묶기 편한 머리로 해 주세요.

J'aimerais une coiffure qui me permettrait de facilement attacher mes cheveux.
줴므헤 윈 꾸아퓌(흐) 끼 므 뻬흐메트헤 드 파씰멍 아따쉐 메 슈브

💬 이 사진 속의 모델처럼 하고 싶어요.

Je voudrais ressembler au mannequin de cette photo.
즈 부드헤 흐썽블레 오 마느깽 드 쎗뜨 포토

- 요즘 유행하는 스타일로 해 주세요.

    J'aimerais une coiffure à la mode.
    쥊므헤 윈 꾸아퓌(흐) 알 라 모드

- 어떤 스타일이 저에게 어울릴까요?

    Quelle coiffure me conviendrait ?
    껠 꾸아퓌(흐) 므 꽁비엉드헤?

커트

- 머리를 자르고 싶어요.

    Je voudrais me couper les cheveux.
    즈 부드헤 므 꾸뻬 레 슈브

- 어떻게 잘라 드릴까요?

    Comment voulez-vous que je vous coupe les cheveux ?
    꼬멍 불레부 끄 즈 부 꾸쁘 레 슈브?
    Quelle coupe souhaitez-vous ?
    껠 꾸쁘 쑤에떼부?

💬 어깨에 닿을 정도 길이로 해 주세요.

Je voudrais me couper les cheveux jusqu'aux épaules.
즈 부드해 므 꾸뻬 레 슈브 쥐스꼬 제뽈

💬 10센티미터 정도 잘라 주세요.

Coupez dix centimètres de longueur de cheveux, s'il vous plaît.
꾸뻬 디 성띠매트(흐) 들 롱괴 드 슈브, 씰 부 쁠레

💬 아주 짧게 잘라 주세요.

Coupez-moi les cheveux très court.
꾸뻬무아 레 슈브 트해 꾸흐

💬 머리끝만 잘라 주세요.

Coupez les pointes des cheveux.
꾸뻬 레 뿌앙뜨 데 슈브

💬 끝만 살짝 다듬어 주세요.

Je voudrais égaliser les pointes.
즈 부드해 에갈리제 레 뿌앙뜨

347

💬 단발머리를 하고 싶어요.

J'aimerais me faire une coupe au carré.
쥐므헤 므 페(흐) 윈 꾸쁘 오 꺄헤

💬 앞머리를 잘라 주세요.

Faites-moi une frange.
페뜨무아 윈 프항즈

💬 앞머리는 그대로 두세요.

Je voudrais laisser la frange comme elle est.
즈 부드헤 레쎄 라 프항즈 꼼 엘 레

💬 머리숱을 쳐 주세요.

Je voudrais avoir moins de volume.
즈 부드헤 아부아 무앙 드 볼륌

💬 머리에 층을 내 주세요.

Je voudrais faire un dégradé.
즈 부드헤 페(흐) 엉 데그하데

💬 너무 짧게 자르지 마세요.

Ne me coupez pas les cheveux trop courts.
느 므 꾸뻬 빠 레 슈브 트호 꾸흐

파마

💬 파마하고 싶어요.

Je voudrais avoir les cheveux permanentés.
즈 부드헤 아부아 레 슈브 뻬흐마넝떼

J'aimerais me faire faire une permanente.
줴므헤 므 페(흐) 페(흐) 윈 뻬흐마넝드

💬 어떤 파마를 원하세요?

Quel style de permanente aimeriez-vous ?
껠 쓰띨 드 뻬흐마넝드 에므히에부?

💬 자연스러운 웨이브를 넣어 주세요.

Je voudrais des boucles ayant l'air naturel.
즈 부드헤 데 부끌 에이양 레흐 나뛰헬

💬 스트레이트 파마로 해 주세요.

Je voudrais faire un lissage.
즈 부드헤 페(흐) 엉 리싸즈

- 짧은 머리에 어울리는 파마로 해 주세요.

  Je voudrais un style de permanente convenant aux cheveux courts.
  즈 부드헤 엉 쓰띨 드 뻬흐마넝뜨 꽁브낭 오 슈브 꾸흐

- 너무 곱슬거리지 않게 말아 주세요.

  Ne les faites pas trop bouclés, s'il vous plaît.
  느 레 페뜨 빠 트호 부끌레, 씰 부 쁠레

- 파마가 잘 나왔네요.

  La permanente est réussie.
  라 뻬흐마넝뜨 에 헤위씨

염색

- 머리를 염색해 주세요.

  Je voudrais faire une coloration.
  즈 부드헤 페(흐) 윈 꼴로하씨옹
  Je voudrais teindre mes cheveux.
  즈 부드헤 땡드(흐) 메 슈브

💬 어떤 색으로 염색해 드릴까요?

De quelle couleur voulez-vous teindre vos cheveux ?
드 껠 꿀뢰 불레부 땡드(흐) 보 슈브?

💬 갈색으로 해 주세요.

Je voudrais être brun(e).
즈 부드헤 제트(흐) 브헝(브휜)

💬 검은색으로 염색하면 더 젊어 보일 거예요.

Si vous teignez vos cheveux en noir, vous aurez l'air plus jeune.
씨 부 떼녜 보 슈브 엉 누아, 부 조헤 레흐 쁠뤼 죈

💬 금발 머리가 저에게 어울릴까요?

Pensez-vous que le blond m'irait ?
뻥쎄부 끌 르 블롱 미헤?

💬 염색한 후 그 색이 오래 가나요?

La couleur reste-t-elle longtemps ?
라 꿀뢰 헤스뗄 롱떵?

💬 염색하면 머릿결이 상하나요?

La coloration abîme-t-elle les cheveux ?
라 꼴로하씨옹 아빔뗄 레 슈브?

네일

💬 손톱 손질을 받고 싶어요.

Je voudrais me faire les ongles.
즈 부드헤 므 페(흐) 레 종글

💬 손톱을 다듬고 싶어요.

Je voudrais me faire limer les ongles.
즈 부드헤 므 페(흐) 리메 레 종글

💬 어떤 색 매니큐어를 발라 드릴까요?

Quelle couleur de vernis souhaiteriez-vous ?
껠 꿀뢰 드 베흐니 쑤에뜨히에부?

💬 저는 손톱이 약해요.

J'ai les ongles fragiles.
쉐 레 종글 프하질
J'ai les ongles cassants.
쉐 레 종글 꺄쌍

💬 손톱에 매니큐어를 지우고 다른 색으로 발라 주세요.

Je voudrais enlever mon vernis et mettre une autre couleur.
즈 부드헤 엉르베 몽 베흐니 에 메트(흐) 윈 오트(흐) 꿀뢰

💬 연보라색 매니큐어를 발라 주세요.

Je voudrais mettre du vernis de couleur violet pâle.
즈 부드헤 메트(흐) 뒤 베흐니 드 꿀뢰 비올레 빨

💬 발톱 손질 해 드릴까요?

Voulez-vous une pédicure ?
불레부 윈 뻬디뀌(흐)?

미용실 기타

💬 전 가르마를 왼쪽으로 타요.

J'ai la raie côté gauche.
쉐 라 헤 꼬떼 고슈

💬 눈썹 다듬어 주세요.

Je voudrais me faire épiler les sourcils.
즈 부드헤 므 페(흐) 에삘레 레 쑤흐씰

💬 드라이만 해 주세요.

Je voudrais juste me faire un brushing.
즈 부드헤 쥐스뜨 므 페(흐) 엉 브휘슁

💬 면도도 할 수 있을까요?

Est-ce que vous pouvez aussi me raser ?
에스끄 부 뿌베 오씨 므 하제?

💬 지난번 했던 미용사에게 커트 예약했어요.

J'ai pris rendez-vous avec le coiffeur qui s'est occupé de moi la dernière fois.
쥐 프히 헝데부 아베끄 르 꾸아푀 끼 쎄 또뀌뻬 드 무아 라 데흐니애(흐) 푸아

💬 그녀는 미용실에 자주 가요.

Elle va souvent au coiffeur.
엘 바 쑤벙 오 꾸아푀

💬 샴푸, 커트, 염색, 드라이까지 모두 합쳐 100유로입니다.

Shampooing, coupe, couleur et brushing. Au total, ça fait cent euros.
샹뿌앙, 꾸쁘, 꿀뢰 에 브휘슁. 오 또딸, 싸 페 썽 뜨호

Unité 8 세탁소

세탁물 맡기기

💬 이 옷들은 세탁소에 맡길 거예요.

Je vais déposer ces vêtements à la blanchisserie.
즈 베 데뽀제 쎄 베뜨멍 알 라 블랑쉬쓰히
Je vais déposer ces vêtements au pressing.
즈 베 데뽀제 쎄 베뜨멍 오 프헤씽

💬 이 양복을 세탁소에 맡겨 주시겠어요?

Est-ce que vous pouvez déposer ce costume au pressing ?
에스끄 부 뿌베 데뽀제 쓰 꼬스뜀 오 프헤씽?

💬 이 바지 좀 다려 주시겠어요?

Pourriez-vous repasser ce pantalon, s'il vous plaît ?
뿌히에부 흐빠쎄 쓰 빵딸롱, 씰 부 쁠레?

💬 이 코트를 드라이클리닝 해 주세요.

Je voudrais faire nettoyer à sec ce manteau.
즈 부드헤 페(흐) 넷뚜아이예 아 쎄끄 쓰 망또

💬 다음 주 화요일까지 이 셔츠를 세탁해 주세요.

Veuillez laver cette chemise pour mardi prochain.
뵈이에 라베 쎗뜨 슈미즈 뿌흐 마흐디 프호쉥

💬 이건 실크 블라우스예요. 조심해 주세요.

Ce chemisier est en soie. Faites attention, s'il vous plaît.
쓰 슈미지에 에 떵 쑤아. 페뜨 아떵씨옹, 씰 부 쁠레

💬 모피 코트도 맡길 수 있나요?

Est-ce qu'on peut aussi vous confier les manteaux de fourrure ?
에스꽁 쁘 오씨 부 꽁피에 레 망또 드 푸휘(흐)?

세탁물 찾기

💬 세탁물을 찾고 싶은데요.

Je viens récupérer mon linge.
즈 비엉 헤퀴뻬헤 몽 랭즈

💬 죄송하지만 아직 안 되었어요.

Désolé(e), monsieur (madame).
Ce n'est pas fini.
데졸레, 므씨으 (마담). 쓰 네 빠 피니
Désolé(e), monsieur (madame).
Nous n'avons pas encore terminé.
데졸레, 므씨으 (마담). 누 나봉 빠 정꼬(흐) 떼흐미네

💬 드라이클리닝을 맡긴 옷은 언제쯤 찾아갈 수 있나요?

Quand puis-je venir chercher les vêtements que j'ai fait nettoyer à sec ?
깡 쀠즈 브니 쉐흐쉐 레 베뜨멍 끄 줴 페 네뚜아예 아 쎄끄?

💬 내일 제 양복 찾으러 들를게요.

Je passerai prendre mon costume demain.
즈 빠쓰헤 프헝드(흐) 몽 꼬스뜜 드맹

💬 세탁비는 얼마인가요?

Combien coûte le lavage ?
꽁비엉 꾸뜨 르 라바즈?

💬 세탁물을 찾으려면 접수증을 주세요.

J'ai besoin du reçu pour vous rendre votre linge.
줴 브주앙 뒤 흐쒸 뿌흐 부 헝드(흐) 보트(흐) 랭즈

세탁물 확인

💬 제 세탁물 다 되었나요?

Est-ce que mon linge est prêt ?
에스끄 몽 랭즈 에 프헤?

💬 이 셔츠 다림질이 잘 안된 것 같은데요.

Il me semble que cette chemise n'est pas bien repassée.
일 므 썽블 끄 쎗뜨 슈미즈 네 빠 비엉 흐빠쎄

💬 맡겼던 셔츠의 소매가 아직도 더러워요.

La manche de la chemise que j'ai confié est encore tachée.
라 망슈 들 라 슈미즈 끄 줴 꽁피에 에 떵꼬(흐) 따쉐

💬 이건 제가 맡긴 코트가 아닌데요.

Cela n'est pas le manteau que je vous ai confié.
쓸라 네 빠 르 망또 끄 즈 부 제 꽁피에

💬 이틀 전에 르블랑이라는 이름으로 코트 두 벌을 맡겼어요.

J'ai confié deux manteaux sous le nom de Leblanc il y a deux jours.
줴 꽁피에 드 망또 쑤 르 농 드 르블랑 일 리 아 드 주흐

💬 접수증 좀 다시 확인하겠습니다.

Je voudrais revérifier votre reçu, s'il vous plaît.
즈 부드헤 흐베히피에 보트(흐) 흐쒸, 씰 부 쁠레
Je voudrais vérifier de nouveau votre reçu, s'il vous plaît.
즈 부드헤 베히피에 드 누보 보트(흐) 흐쒸, 씰 부 쁠레

얼룩 제거

💬 셔츠에 있는 얼룩 좀 제거해 주시겠어요?

Est-ce que vous pouvez enlever la tache qui se trouve sur cette chemise ?
에스끄 부 뿌베 엉르베 라 따슈 끼 쓰 트후브 쒸흐 쎗뜨 슈미즈?

💬 원피스에 커피를 쏟았어요. 얼룩이 지워질까요?

J'ai renversé du café sur une robe. Est-ce que cette tache peut être enlevée ?
줴 헝베흐쎄 뒤 꺄페 쒸흐 윈 호브. 에스끄 쎗뜨 따슈 쁘 떼트(흐) 엉르베?

💬 기름 얼룩인데요. 지워질까요?

C'est une tache d'huile. Peut-elle être enlevée ?
쎄 뛴 따슈 뒬. 쁘뗄 에트(흐) 엉르베?

💬 이 얼룩은 빨았는데도 지워지지 않아요.

Même après lavage, cette tache ne s'enlève pas.
멤 아프해 라바즈. 쎗뜨 따슈 느 썽래브 빠

💬 드라이클리닝을 하면 얼룩이 지워질 거예요.

Si vous faites un nettoyage à sec, la tache disparaîtra.
씨 부 페뜨 엉 넷뚜아이야즈 아 쎄끄, 라 따슈 디스빠헤트하

💬 오래된 얼룩은 지우기 쉽지 않아요.

Ce n'est pas facile de faire disparaître une vieille tache.
쓰 네 빠 파씰 드 페(흐) 디스빠헤트(흐) 윈 비에이 따슈

수선

💬 옷 수선도 가능한가요?

Est-ce que vous pouvez raccommoder les vêtements ?
에스끄 부 뿌베 하꼬모데 레 베뜨멍?

💬 이 바지 길이 좀 줄여 주세요.

Je voudrais raccourcir ce pantalon.
즈 부드헤 하꾸흐씨 쓰 빵딸롱

💬 점퍼에 지퍼가 고장 났어요. 좀 바꿔 주시겠어요?

La fermeture éclair du blouson est cassée. Pourriez-vous la changer, s'il vous plaît ?
라 페흐므뛰흐(흐) 에끌레 뒤 블루종 에 꺄쎄. 뿌히에부 라 샹제, 씰 부 쁠레?

💬 소매가 뜯겼어요. 수선해 주시겠어요?

La manche est décousue. Pourriez-vous la raccommoder, s'il vous plaît ?
라 망슈 에 데꾸쥐. 뿌히에부 라 하꼬모데, 씰 부 쁠레?

💬 단추 좀 다시 달아 주시겠어요?

Pourriez-vous recoudre un bouton, s'il vous plaît ?
뿌히에부 흐꾸드(흐) 엉 부똥, 씰 부 쁠레?

💬 죄송하지만 수선은 할 수 없습니다.

Excusez-moi, il n'est pas possible de recoudre.
엑스뀌제무아, 일 네 빠 뽀씨블르 드 흐꾸드(흐)

Unité 9 렌터카&주유소

렌터카 대여

💬 이번 토요일에 차 한 대 빌리고 싶습니다.

Je voudrais louer une voiture ce samedi.
즈 부드헤 루에 윈 부아뛰(흐) 쓰 쌈디

💬 어떤 차를 빌리고 싶으신가요?

Quelle voiture voulez-vous louer ?
껠 부아뛰(흐) 불레부 루에?

💬 6인용 밴을 빌리고 싶어요.

J'aimerais louer un van pour six personnes.
줴므헤 루에 엉 방 뿌흐 씨 뻬흐쏜

💬 소형차를 빌리고 싶어요.

Je voudrais louer une petite voiture.
즈 부드헤 루에 윈 쁘띠뜨 부아뛰(흐)

💬 오픈카를 빌릴 수 있나요?

Est-ce que je peux louer une voiture décapotable ?
에스끄 즈 쁘 루에 윈 부아뛰(흐) 데꺄뽀따블르?

Est-il possible de louer une voiture décapotable ?
에띨 뽀씨블르 드 루에 윈 부아뛰(흐) 데꺄뽀따블르?

💬 며칠 간 빌리실 건가요?

Combien de jours voulez-vous louer la voiture ?
꽁비엉 드 주흐 불레부 루에 라 부아뛰(흐)?

💬 5일 간 빌리고 싶어요.

Je voudrais la louer pour cinq jours.
(여기서 la는 앞에서 언급한 la voiture를 지칭합니다.)
즈 부드헤 라 루에 뿌흐 쌩끄 주흐

렌터카 반납

💬 빌린 차는 어떻게 반납하나요?

Comment dois-je faire pour rendre la voiture ?
꼬멍 두아즈 페(흐) 뿌흐 헝드(흐) 라 부아뛰(흐)?

💬 어디에서 반납하면 되나요?

Où dois-je rendre la voiture ?
우 두아즈 헝드(흐) 라 부아뛰(흐)?

💬 렌탈 요금은 얼마인가요?

À combien s'élève les frais de location ?
아 꽁비엉 쎌래브 레 프헤 드 로꺄씨옹?

💬 전국 모든 지점에서 반납 가능합니다.

Vous pouvez rendre la voiture dans n'importe lequel de nos magasins nationaux.
부 뿌베 헝드(흐) 라 부아뛰(흐) 당 냉뽀흐뜨 르껠 드 노 마갸쟁 나씨오노

💬 반납일을 지켜 주세요.

Veuillez respecter la date de retour, s'il vous plaît.
뵈이에 헤스뻭떼 라 다뜨 드 흐뚜, 씰 부 쁠레

💬 차 반납이 늦으면 추가 비용이 발생하나요?

Y a-t-il des frais supplémentaires si je rends la voiture en retard ?
이아띨 데 프헤 쒸쁠레멍떼(흐) 씨 즈 헝 라 부아뛰(흐) 엉 흐따?

💬 차를 반납해야 하는 날짜를 늦출 수 있나요?

Est-il possible de reculer la date à laquelle la voiture doit être rendue ?
에띨 뽀씨블르 드 흐뀔레 라 다뜨 아 라껠 라 부아뛰(흐) 두아 떼트(흐) 헝뒤?

주유소

💬 차에 기름이 다 떨어져 가요.

Il ne reste plus beaucoup d'essence dans la voiture.
일 느 헤스뜨 쁠뤼 보꾸 데썽쓰 당 라 부아뛰(흐)

💬 이 근처 주유소가 어디에 있나요?

Où est la station-service la plus près d'ici ?
우 에 라 스따씨옹-쎄흐비쓰 라 쁠뤼 프해 디씨?

💬 셀프 주유소가 이 근처에 있나요?

Y a-t-il une station libre-service près d'ici ?
이아띨 윈 스따씨옹 리브흐-쎄흐비쓰 프해 디씨?

💬 기름은 충분한가요?

La quantité d'essence est suffisante ?
라 깡띠떼 데썽쓰 에 쒸피장뜨?

💬 아직 스트라스부르까지 도착하려면 멀었어요. 주유소에 들릅시다.

Il reste encore beaucoup de route avant d'arriver à Strasbourg. Arrêtons-nous à la station-service.
일 헤스뜨 엉꼬(흐) 보꾸 드 후뜨 아방 다히베 아 스트하쓰부. 아헤똥누 알 라 스따씨옹쎄흐비쓰

💬 리터당 기름값이 얼마죠?

Combien coûte l'essence par litre ?
꽁삐엉 꾸뜨 레썽쓰 빠흐 리트(흐)?

💬 50유로어치 넣으면 충분할 것 같아요.

Je pense que cinquante euros d'essence suffira.
즈 뻥쓰 끄 쌩깡뜨 으호 데썽쓰 쒸피하

💬 가다가 잠깐 주유소에 들릅시다.

Arrêtons-nous en route pour aller à la station-service.
아헤똥누 엉 후뜨 뿌흐 알레 알 라 스따씨옹쎄흐비쓰

💬 아직은 주유할 필요가 없는 것 같은데요.

Je pense qu'il n'est pas encore nécessaire de faire le plein d'essence.
즈 뻥쓰 낄 네 빠 졍꼬(흐) 네쎄쎄(흐) 드 페(흐) 르 쁠랭 데썽쓰

💬 주유소 화장실에 들르고 싶어요.

Je voudrais aller aux toilettes de la station-service.
즈 부드헤 잘레 오 뚜알렛뜨 들 라 스따씨옹쎄흐비쓰

💬 주유기 앞에 차를 세우세요.

Arrêtez la voiture devant la pompe.
아헤떼 라 부아뛰(흐) 드방 라 뽕쁘

💬 기름을 가득 채워 주세요.

Mettez le plein d'essence, s'il vous plaît.
메떼 르 쁠랭 데썽쓰, 씰 부 쁠레

💬 저쪽에서 계산하고 가면 됩니다.

Vous pouvez sortir par là après avoir régler l'addition.
부 뿌베 쏘흐띠 빠흐 라 아프해 아부아 헤글레 라디씨옹

371

세차 & 정비

💬 세차를 해야겠어요.

Il faut que je lave ma voiture.
일 포 끄 즈 라브 마 부아뛰(흐)

💬 여기에서 제일 가까운 세차장이 어디죠?

Où est la station de lavage la plus près d'ici ?
우 에 라 스따씨옹 드 라바즈 라 쁠뤼 프해 디씨?

💬 세차 비용은 얼마인가요?

Combien coûte le lavage de la voiture ?
꽁비엉 꾸뜨 르 라바즈 들 라 부아뛰(흐)?

💬 세차와 왁스칠을 해주실 수 있나요?

Pourriez-vous laver et cirer la voiture ?
뿌히에부 라베 에 씨헤 라 부아뛰(흐)?

💬 제 차 좀 점검해 주세요.

Révisez ma voiture, s'il vous plaît.
헤비제 마 부아뛰(흐), 씰 부 쁠레

Je viens pour faire réviser ma voiture.
즈 비엉 뿌흐 페(흐) 헤비제 마 부아뛰(흐)

💬 타이어가 펑크났어요.

Un pneu est crevé.
엉 쁘느 에 크흐베
Un pneu a éclaté.
엉 쁘느 아 에끌라떼

💬 엔진오일 좀 봐 주시겠어요?

Pourriez-vous vérifier l'huile ?
뿌히에부 베히피에 륄?

Unité 10 서점

서점

💬 오늘은 서점에 가려고 해요.

Je pense aller à la librairie aujourd'hui.
즈 뺑쓰 알레 알 라 리브헤히 오주흐뒤

💬 사고 싶은 책이 한 권 있어요.

Il y a un livre que je voudrais acheter.
일 리 아 엉 리브(흐) 끄 즈 부드헤 아슈떼

💬 우리 동네에 자주 가는 서점이 한 곳 있어요.

Dans mon quartier, il y a une librairie où je vais souvent.
당 몽 꺄흐띠에, 일 리 아 윈 리브헤히 우 즈 베 쑤벙

💬 요즘은 대형 서점이 많아졌어요.

Ces jours-ci le nombre de grandes librairies a augmenté.
쎄 주흐씨 르 농브(흐) 드 그항드 리브헤히 아 오그멍떼

💬 저는 대형 서점이 책 찾기 편해서 좋아요.

J'aime les grandes librairies, car il est facile d'y chercher des livres.
쉠 레 그항드 리브헤히, 꺄흐 일 레 파씰 디 쉐흐쉐 데 리브(흐)

💬 서점에 출간 예정인 소설 하나를 미리 주문했어요.

J'ai commandé en avance un roman qui va être publié.
줴 꼬망데 어 나방쓰 엉 호망 끼 바 에트(흐) 쀠블리에

책 찾기

💬 알베르 카뮈의 소설책을 찾고 싶어요.

Je cherche un roman d'Albert Camus.
(서점에서 담당자에게 물을 때)
즈 쉐흐슈 엉 호망 달베 까뮈

Je voudrais trouver un roman d'Albert Camus. (막연히 말할 때)
즈 부드헤 트후베 엉 호망 달베 까뮈

💬 그 책 제목이 무엇인가요?

Quel est le titre du livre ?
껠 레 르 띠트(흐) 뒤 리브(흐)?

💬 '페스트'라는 제목의 책을 찾고 있어요.

Je cherche le livre intitulé « La peste ».
즈 쉐흐슈 르 리브(흐) 앵띠뛸레 '라 뻬스뜨'

💬 특별히 찾는 출판사가 있나요?

Est-ce qu'il y a une maison d'édition que vous cherchez en particulier ?
에스낄 리 아 윈 메종 데디씨옹 끄 부 쉐흐쉐 엉 빠흐띠뀔리에?

💬 이 책 재고가 있나요?

Vous en reste-t-il en stock ?
부 정 헤스띨 엉 스똑?

💬 그 책은 일시 품절 상태입니다.

Nous n'avons plus ce livre en stock pour le moment.
누 나봉 쁠뤼 쓰 리브(흐) 엉 스똑 뿌흐 르 모멍

💬 그 책은 언제 다시 입고되나요?

Quand pourrais-je de nouveau trouver ce livre en librairie ?
깡 뿌헤즈 드 누보 트후베 쓰 리브(흐) 엉 리브헤히?

💬 제가 찾는 소설이 어디에 있는지 모르겠어요.

Je ne sais pas où le livre que je cherche se trouve.
즈 느 쎄 빠 우 르 리브(흐) 끄 즈 쉐흐슈 쓰 트후브

💬 그 책은 역사 서적 코너에 있을 거예요.

Ce livre est peut-être dans le rayon des livres historiques.
쓰 리브(흐) 에 쁘뻬트(흐) 당 르 헤이용 데 리브(흐) 이스또히끄

💬 이 책을 찾으려고 서점을 다섯 군데 방문했어요.

J'ai visité cinq librairies pour trouver ce livre.
줴 비지떼 쌩 리브헤히 뿌흐 트후베 쓰 리브(흐)

💬 그 책은 A서가 세 번째 줄에 꽂혀 있어요.

Ce livre est placé au troisième rang du rayon A.
쓰 리브(흐) 에 쁠라쎄 오 트후아지앰 항 뒤 헤이용 아

💬 책장을 찾아 봤는데 그 책은 없었어요.

J'ai cherché ce livre dans le rayon, mais il n'y était pas.
줴 쉐흐쉐 쓰 리브(흐) 당 르 헤이용, 메 질 니 에떼 빠

💬 역사 코너 담당자가 도와드릴 겁니다.

La personne chargée du rayon des livres historiques vous aidera.
라 뻬흐쏜 샤흐줴 뒤 헤이용 데 리브(흐) 이스또히끄 부 제드하

💬 창고에서 그 책을 갖다드릴게요.

Je vais chercher le livre dans les stocks.
즈 베 쉐흐쉐 르 리브(흐) 당 레 스똑

💬 신간 서적 코너는 어디인가요?

Où est le rayon des livres récemment publiés ?
우 에 르 헤이용 데 리브(흐) 헤싸멍 쀠블리에?

💬 9월에 출간된 책인데 서점에 있나요?

C'est un livre qui est paru en septembre. En avez-vous en rayon ?
쎄 떵 리브(흐) 끼 에 빠휘 엉 쎕떵브(흐). 어 나베부 엉 헤이용?

💬 이 책의 개정판을 찾고 있어요.

Je recherche la nouvelle édition de ce livre.
즈 흐쉐흐슈 라 누벨 에디씨옹 드 쓰 리브(흐)

Je recherche la dernière édition de ce livre.
즈 흐쉐흐슈 라 데흐니애(흐) 에디씨옹 드 쓰 리브(흐)

💬 개정판은 다음달에 입고 예정입니다.

La dernière édition sera disponible le mois prochain.
라 데흐니애(흐) 에디씨옹 쓰하 디스뽀니블르 르 무아 프호쉥

💬 그 책은 절판되었습니다.

Ce livre est épuisé.
쓰 리브(흐) 에 떼쀠제

💬 요즘 가장 인기 있는 소설이 무엇인가요?

Quel livre a le plus de succès ces jours-ci ?
껠 리브(흐) 아 르 쁠뤼쓰 드 쎡쌔 쎄 주흐씨?

도서 구입

💬 아들에게 읽어 줄 동화책 한 권을 샀어요.

J'ai acheté un livre de contes pour le lire à mon fils.
줴 아슈떼 엉 리브(흐) 드 꽁뜨 뿌흐 르 리(흐) 아 몽 피쓰

💬 마침내 제가 찾던 책을 샀어요.

J'ai enfin acheté le livre que je cherchais.
줴 엉팽 아슈떼 르 리브(흐) 끄 즈 쉐흐쉐

💬 그 책은 20유로 주고 샀어요.

J'ai payé ce livre vingt euros.
쉐 뻬이예 쓰 리브(흐) 뱅 으호

💬 저는 그 책을 할인해서 18유로 주고 샀죠.

Comme il y avait une réduction, ce livre m'a coûté dix-huit euros.
꼼 일 리 아베 윈 헤뒥씨옹, 쓰 리브(흐) 마 꾸떼 디즈위 뜨호

💬 그는 서점에 가면 다섯 권 이상은 사요.

Quand il va à la librairie, il achète plus de cinq livres.
깡 띨 바 알 라 리브헤히, 일 라쉐뜨 쁠뤼쓰 드 쌩끄 리브(흐)

💬 어제 산 책은 인쇄가 잘못되었어요.

Le livre que j'ai acheté hier est mal imprimé.
르 리브(흐) 끄 쉐 아슈떼 이에 에 말 앵프히메

💬 다른 책으로 교환해 드리겠습니다.

Nous allons vous échanger ce livre contre un autre.
누 잘롱 부 제샹제 쓰 리브(흐) 꽁트(흐) 어 노트(흐)

인터넷 서점

💬 온라인으로 책을 구매하는 것이 싸고 편리해요.

C'est pratique et ça revient moins cher, d'acheter des livres en ligne.
쎄 프하띠끄 에 싸 흐비엉 무앙 쉐흐, 다슈떼 데 리브(흐) 엉 린뉴

💬 온라인으로 책을 구매할 때 다른 인터넷 서점과 가격을 비교해 보세요.

Quand vous achetez des livres en ligne, comparez leur prix avec d'autres librairies en ligne.
깡 부 자슈떼 데 리브(흐) 엉 린뉴, 꽁빠헤 뢰흐 프히 아베끄 도트(흐) 리브헤히 엉 린뉴

💬 인터넷 서점에서 산 책을 아직 받지 못했어요.

Je n'ai pas encore reçu le livre que j'ai acheté sur internet.
즈 네 빠 정꼬(흐) 흐쒸 르 리브(흐) 끄 줴 아슈떼 쒸흐 앵떼흐네뜨

💬 그 책은 아직도 배송 중인가요?

Est-ce que ce livre est encore en cours de livraison ?
에스끄 쓰 리브(흐) 에 떵꼬(흐) 엉 꾸흐 드 리브헤종?

💬 저는 온라인으로 주문한 책을 취소했어요.

J'ai annulé une commande de livre.
줴 아뉠레 윈 꼬망드 드 리브(흐)

💬 책 배송할 때 영수증도 함께 보내 주세요.

Merci d'envoyer le reçu avec les livres.
메흐씨 덩부아이예 르 흐쒸 아베끄 레 리브(흐)

Unité 11 영화관&공연장

영화관

💬 내일 영화관에 함께 갈래요?

Voulez-vous aller au cinéma avec moi demain ?
불레부 알레 오 씨네마 아베끄 무아 드맹?

💬 그 영화관은 너무 좁아서 자주 가지 않아요.

Je ne vais pas souvent à ce cinéma car il est trop petit.
즈 느 베 빠 쑤벙 아 쓰 씨네마 꺄흐 일 레 트호 쁘띠

💬 아이맥스 영화관에 갑시다!

Allons (Allez / Va) au cinéma IMAX !
알롱 (알레 / 바) 오 씨네마 이막쓰!

💬 전 아이맥스 영화관에 아직 한번도 못 가봤어요.

Je ne suis encore jamais allé(e) au cinéma IMAX.
즈 느 쒸 정꼬(흐) 자메 잘레 오 씨네마 이막쓰

💬 ABC 영화관은 스크린이 커서 영화 감상하기 좋아요.

Il est agréable de regarder des films dans le cinéma ABC car ses écrans sont grands.

일 레 따그헤아블르 드 흐갸흐데 데 필므 당 르 씨네마 아베쎄 꺄흐 쎄 제크항 쏭 그항

💬 그 영화관은 예술 영화를 주로 상영해요.

Ce cinéma passe généralement des films d'art.

쓰 씨네마 빠쓰 제네할멍 데 필므 다흐

영화표

💬 '장밋빛 인생' 2시 10분 표 두 장이요.

Je voudrais deux billets pour « La vie en rose » à deux heures dix, s'il vous plaît.

즈 부드헤 드 비에 뿌흐 '라 비 엉 호즈' 아 드 죄(흐) 디쓰, 씰 부 쁠레

💬 좌석 선택하시겠어요?

Désirez-vous choisir votre place ?
데지헤부 슈아지 보트(흐) 쁠라쓰?

💬 가운데 두 자리로 주세요.

Je voudrais deux places au milieu.
즈 부드헤 드 쁠라쓰 오 밀리으

💬 영화 티켓 예매했어요?

Avez-vous réservé votre place de cinéma ?
아베부 헤제흐베 보트(흐) 쁠라쓰 드 씨네마?

💬 예매하려고 했는데 이미 매진된 상태였어요.

J'ai essayé de réserver, mais tous les billets étaient déjà vendus.
줴 에쎄이예 드 헤제흐베, 메 뚜 레 비에 에떼 데자 벙뒤

💬 영화관으로 직접 가면 누군가 취소한 표가 남아 있을 거예요.

Si on va directement au cinéma, on trouvera sûrement des places dues à des annulations de réservations.
씨 옹 바 디헥뜨멍 오 씨네마, 옹 트후브하 쒸흐멍 데 쁠라쓰 뒤 아 데 자뉠라씨옹 드 헤제흐바씨옹

💬 티켓은 영화 시작 10분 전까지 환불 가능해요.

Le billet peut être remboursé jusqu'à dix minutes avant la séance.
르 비에 쁘 에트(흐) 헝부흐쎄 쥐스꺄 디 미뉘뜨 아방 라 쎄앙쓰

상영관 에티켓

💬 영화가 시작하기 전에 휴대폰을 꺼 주세요.

Avant que le film ne commence, veuillez éteindre votre téléphone portable.
아방 끄 르 필므 느 꼬멍스, 뵈이에 제땡드(흐) 보트(흐) 뗄레폰 뽀흐따블르

💬 영화 상영 중일 때는 조용히 해 주세요.

Veuillez être calme pendant la séance.
뵈이에 제트(흐) 꺌므 뼁당 라 쎄앙쓰

💬 앞좌석을 발로 차지 마세요.

Ne tapez pas des pieds contre le siège avant.
느 따뻬 빠 데 삐에 꽁트(흐) 르 씨애즈 아방

💬 죄송하지만 모자 좀 벗어 주시겠어요?
자꾸 스크린을 가리네요.

Excusez-moi, pourriez-vous enlever votre chapeau ?
Il m'empêche de voir l'écran.
엑쓰뀌제무아, 뿌히에부 엉르베 보트(흐) 샤뽀?

일 멍뻬슈 드 부아 레크항

💬 팝콘 먹을 때 너무 소리내지 마.

Ne fais pas de bruit lorsque tu manges du pop-corn.
느 뻬 빠 드 브휘 로흐스끄 뛰 망즈 뒤 빱꼬흔

- 상영 중 전화 통화하는 사람들은 이해할 수 없어.

Je ne peux pas comprendre les gens qui téléphonent pendant la séance.
즈 느 쁘 빠 꽁프헝드(흐) 레 정 끼 뗄레폰 뻥당 라 쎄앙쓰

콘서트장

- 4월에 제니스 콘서트장에서 아케이드 파이어가 공연한대!

Arcade Fire donnera un concert au Zénith en Avril !
아케이드 파이어 도느하 엉 꽁쎄 오 제니뜨 어 나브힐!

- 콘서트장 함께 갈래요?

Vous voulez aller au concert avec moi ?
부 불레 알레 오 꽁쎄 아베끄 무아?

💬 콘서트장 입구에 벌써 길게 줄 섰네요.

La queue est longue à l'entrée du concert.
라 끄 에 롱그 아 렁트헤 뒤 꽁쎄

💬 오랫동안 공연 보러 못 갔어요.

Ça fait longtemps que je ne suis pas allé(e) à un concert.
싸 베 롱떵 끄 즈 느 쒸 빠 잘레 아 엉 꽁쎄

💬 야외 콘서트장에서 로큰롤 페스티벌이 열릴 예정이에요.

Un festival rock sera ouvert en plein air.
엉 페스띠발 호끄 쓰하 우베 엉 쁠랭 에흐

💬 무대 가까이 가서 보자!

Approchons-nous près de la scène !
아프호숑누 프해 들 라 쌘!

공연 기타

💬 토요일에 오케스트라 공연이 있어요.

Il y a un concert d'orchestre samedi.
일 리 아 엉 꽁쎄 도흐께스트(흐) 쌈디

💬 뮤지컬 '위키드' 공연 R석 표를 세 장 예매했어요.

J'ai réservé trois billets de deuxième catégorie pour la comédie musicale « Wicked ».
줴 헤제흐베 트후아 비에 드 드지앰 꺄떼고히 뿌흐 라 꼬메디 뮈지꺌 '위끼드'

💬 저희 아이들이 다음주 금요일에 학교에서 연극 공연을 해요.

Mes enfants présentent une pièce de théâtre dans leur école vendredi prochain.
메 정팡 프헤정뜨 윈 삐애쓰 드 떼아트(흐) 당 뢰흐 에꼴 벙드흐디 프호쉥

💬 공연 입구에 암표상이 있어요.

Il y a un(e) revendeur (revendeuse) de tickets à la sauvette à l'entrée du concert.
일 리 아 엉(원) 흐벙되 (흐벙드즈) 드 띠께 알 라 쏘벳뜨 아 렁트헤 뒤 꽁쎄

💬 저는 학생이라 입장료 할인이 되지요.

Puisque je suis étudiant(e), le prix d'entrée est réduit.
쀠스끄 즈 쒸 제뛰디앙(뜨), 르 프히 덩트헤 에 헤뒤

Unité 12 술집&클럽

술집

💬 저희 아파트 근처에 영국식 펍이 있어요.

Il y a un pub anglais près de mon appartement.
일 리 아 엉 쀭 앙글레 프해 드 모 나빠흐뜨멍

💬 저는 술 마시는 것보단 친구들을 만나기 위해 술집에 가요.

Je ne vais pas au bar pour boire mais pour rencontrer mes amis.
즈 느 베 빠 오 바흐 뿌흐 부아(흐) 메 뿌흐 헝꽁트헤 메 자미

💬 저는 퇴근 후에 종종 술집에 들러요.

Je passe parfois au bar après être sorti du bureau.
즈 빠쓰 빠흐푸아 오 바흐 아프해 제트(흐) 쏘흐띠 뒤 뷔호

Je passe parfois au bar après le bureau.
즈 빠쓰 빠흐푸아 오 바흐 아프해 르 뷔호

💬 맥주 맛이 끝내주는 술집을 알아요.

Je connais un bar où la bière est vraiment bonne.
즈 꼬네 엉 바흐 우 라 비애(흐) 에 브헤멍 본

💬 저와 제 친구들은 저녁에 술집에서 축구 경기를 볼 거예요.

Je vais voir le match de football au bar ce soir avec mes amis.
즈 베 부아 르 맛춰 드 풋볼 오 바흐 쓰 쑤아 아베끄 메 자미

술 약속 잡기

💬 퇴근 후에 한잔할래요?

Voulez-vous boire un verre après être sorti du bureau ?
불레부 부아(흐) 엉 베(흐) 아프해 제트(흐) 쏘흐띠 뒤 뷔호?

💬 오늘은 제가 살게요.

Je vous invite à boire aujourd'hui.
즈 부 쟁비뜨 아 부아(흐) 오주흐뒤

💬 식사 후에 한잔합시다.

Buvons un coup après manger.
뷔봉 정 꾸 아프해 망제

💬 술 한잔하면서 이야기합시다.

Discutons en buvant un coup.
디스뀌똥 엉 뷔방 엉 꾸

💬 목요일 저녁 7시에 술집 앞에서 만나요.

Voyons-nous devant le bar à dix-neuf heures jeudi.
부아이용누 드방 르 바흐 아 디즈뇌 뵈(흐) 즈디

💬 우리 늘 가던 그 술집에서 만납시다.

Rencontrons-nous dans le bar où nous avons l'habitude d'aller.
헝꽁트홍누 당 르 바흐 우 누 자봉 라비뛰드 달레

술 권하기

💬 맥주 한 병 드릴까요?

Voulez-vous une bouteille de bière ?
불레부 윈 부떼이 드 비애(흐)?

💬 한 잔 더 드릴까요?

Est-ce que je vous sers un autre verre ?
에스끄 즈 부 쎄흐 어 노트(흐) 베(흐)?

💬 이 와인 정말 훌륭해요. 한 잔 드실래요?

C'est un très bon vin. Voulez-vous prendre un verre ?
쎄 떵 트해 봉 뱅. 불레부 프헝드(흐) 엉 베(흐)?

💬 고맙지만 운전 때문에 술은 못 마셔요.

Non, merci. Je ne peux pas boire car je dois conduire.
농, 메흐씨. 즈 느 쁘 빠 부아(흐) 꺄흐 즈 두아 꽁뒤(흐)

💬 건배!

À votre santé !
아 보트(흐) 쌍떼!

Santé !
쌍떼!
À la nôtre !
알 라 노트(흐)!

💬 자, 함께 건배해요.

Allez, portons un toast.
알레, 뽀흐똥 정 또스뜨
Allez, trinquons.
알레, 트행꽁

술 고르기

💬 술은 뭘로 하실래요?

Que voulez-vous comme alcool ?
끄 불레부 꼼 알꼴?

💬 생맥주를 드릴까요 병맥주를 드릴까요?

Voulez-vous une bière à pression ou en bouteille ?
불레부 윈 비애(흐) 아 프헤씨옹 우 엉 부떼이?

💬 어떤 종류의 맥주를 좋아하세요?

Quel type de bière préférez-vous ?
껠 띠쁘 드 비애(흐) 프헤페헤부?

💬 여기 혹시 페일 에일은 없나요?

Est-ce que vous avez la pale-ale ?
에스끄 부 자베 라 뺄에일?

💬 진토닉 한 잔 주세요.

Un verre de gin tonic, s'il vous plaît.
엉 베(흐) 드 진 또니끄, 씰 부 쁠레

💬 스카치 위스키에 얼음 넣어 주세요.

Un scotch avec des glaçons, s'il vous plaît.
엉 스까치 아베끄 데 글라쏭, 씰 부 쁠레

💬 모히토에 민트 잎 많이 넣지 마세요.

Ne mettez pas beaucoup de feuilles de menthe dans mon mojito.
느 메떼 빠 보꾸 드 푀이 드 멍뜨 당 몽 모히또

클럽

💬 루이즈는 금요일 밤마다 클럽에 가요.

Louise va en boite de nuit tous les vendredis soirs.
루이즈 바 엉 부아뜨 드 뉘 뚜 레 벙드흐디 쑤아

💬 그는 춤을 추러 클럽에 자주 가요.

Il va souvent en discothèque pour danser.
일 바 쑤벙 엉 디스꼬때끄 뿌흐 당쎄

💬 밤새 클럽에서 놀았어요.

Je me suis amusé(e) en boite toute la nuit.
즈 므 쒸 자뮈제 엉 부아뜨 뚜뜨 라 뉘

💬 어젯밤 클럽에서는 음악이 끝내줬어!

Hier soir, la musique au club était fantastique !
이에 쑤아, 라 뮈지끄 오 끌럽 에떼 팡따스띠끄!

💬 니콜은 춤을 추는 것보단 사람들을 만나러 클럽에 가요.

Nicole va au club, plus pour rencontrer des personnes que pour danser.
니꼴 바 오 끌럽, 쁠뤼쓰 뿌흐 헝꽁트헤 데 뻬흐쏜 끄 뿌흐 당쎄

💬 내가 파리 시내에 화려한 클럽을 한 곳 알아.

Je connais un club splendide dans Paris.
즈 꼬네 엉 끌럽 스쁠렁디드 당 빠히

💬 그는 그 클럽 디제이예요.

Il est le DJ de ce club.
일 레 르 데지 드 쓰 끌럽

Unité 13 파티

파티 준비

💬 오늘 저녁에 열릴 파티를 준비해야 해요.

Je dois préparer la fête de ce soir.
즈 두아 프헤빠헤 라 페뜨 드 쓰 쑤아

💬 파티에 누구를 초대할까요?

Qui voulez-vous inviter à la fête ?
끼 불레부 앵비떼 알 라 페뜨?

💬 오늘 밤 파티에 어떤 음식을 준비할까요?

Quel plat voulez-vous préparer pour cette soirée ?
껠 쁠라 불레부 프헤빠헤 뿌흐 쎘뜨 쑤아헤?

💬 각자 음식을 준비해서 모입시다.

Préparons chacun un plat puis rassemblons-nous.
프헤빠홍 샤껑 엉 쁠라 쀠 하썽블롱누

💬 이번에는 줄리를 위해 파티를 열 거예요.

Je vais donner une fête pour Julie cette fois-ci. (나 홀로 파티를 계획한 경우)
즈 베 도네 윈 페뜨 뿌흐 쥘리 쎗뜨 푸아씨
Nous allons faire une fête pour Julie cette fois-ci. (여럿이 함께 파티를 계획한 경우)
누 잘롱 페(흐) 윈 페뜨 뿌흐 쥘리 쎗뜨 푸아씨

💬 그(녀)의 생일을 축하하는 파티예요.

C'est une fête pour célébrer son anniversaire.
쎄 뛴 페뜨 뿌흐 쎌레브헤 쏘 나니베흐쎄(흐)

💬 파티 장소는 어디로 할까요?

Où voulez-vous faire la fête ?
우 불레부 페(흐) 라 페뜨?

파티 초대

💬 오늘 우리집에서 파티 열 거야.

Aujourd'hui, je vais donner une fête chez moi.
오주흐뒤, 즈 베 도네 윈 페뜨 쉐 무아

💬 너도 파티에 함께할래?

Toi aussi tu viendras à la fête ?
뚜아 오씨 뛰 비엉드하 알 라 페뜨?
Tu veux faire la fête avec nous ?
뛰 브 페(흐) 라 페뜨 아베끄 누?

💬 너도 파티에 왔으면 좋겠어.

J'aimerais que tu viennes à la fête.
줴므헤 끄 뛰 비엔 알 라 페뜨

💬 늦더라도 오늘 밤 파티에 올 수 있니?

Est-ce que tu peux venir à la fête de ce soir, même si tu arrives en retard ?
에스끄 뛰 쁘 브니 알 라 페뜨 드 쓰 쑤아, 멤 씨 뛰 아히브 엉 흐따?

💬 다른 사람과 함께 와도 좋아.

Tu peux venir accompagné(e).
뛰 쁘 브니 아꽁빠녜

💬 이번 파티는 정말 재미있을 거야!

Cette fête sera très amusante !
쎗뜨 페뜨 쓰하 트해 자뮈장뜨!

💬 잊지 말고 저녁 8시에 우리집으로 와.

N'oublie pas de venir chez moi à vingt heures.
누블리 빠 드 브니 쉐 무아 아 뱅 뙤(흐)

Rappelle-toi de venir chez moi à vingt heures.
하뻴뚜아 드 브니 쉐 무아 아 뱅 뙤(흐)

파티 후

💬 잊지 못할 파티였어!

Je n'oublierai pas cette fête !
즈 누블리헤 빠 쎗뜨 페뜨!

C'était une fête inoubliable !
쎄떼 뛴 페뜨 이누블리아블르!

💬 초대해 줘서 고마워요.

Merci de m'avoir invité.
메흐씨 드 마부아 앵비떼

💬 다음에 또 함께 모입시다!

Rassemblons-nous encore la prochaine fois !
하썽블롱누 엉꼬(흐) 라 프호쉔 푸아!
Il faudrait qu'on se refasse ça !
일 포드헤 꽁 쓰 흐파쓰 싸!

💬 이번 파티는 음식이 훌륭했어요.

Les plats étaient excellents à cette soirée.
레 쁠라 에떼 떽쎌렁 아 쎗뜨 쑤아헤

💬 시간이 늦었네요. 먼저 일어나도 될까요?

Il est tard. Pourrais-je vous laisser ?
일 레 따흐. 뿌헤즈 부 레쎄?

💬 다음 번엔 자크네 집에서 봅시다.

Voyons nous chez Jacques la prochaine fois.
부아이용 누 쉐 자끄 라 프호쉔 푸아

다양한 파티

💬 내일은 아녜스의 베이비 샤워 파티가 있어요.

Demain, on va faire une fête prénatale pour Agnés.
드멩, 옹 바 페(흐) 윈 페뜨 프헤나딸 뿌흐 아녜쓰

💬 그녀는 친구들에게 초대장을 보냈어요.

Elle a envoyé des cartons d'invitations à ses amis.
엘 라 엉부아이예 데 꺄흐똥 댕비따씨옹 아 쎄 자미

💬 우리는 핼러윈 파티를 열 계획이에요.

Nous avons le projet d'organiser une fête pour Halloween.
누 자봉 르 프호제 도흐가니제 윈 페뜨 뿌흐 알로윈

💬 핼러윈 날 아이들은 사탕을 받아요.

Les enfants reçoivent des bonbons à Halloween.
레 정팡 흐쑤아브 데 봉봉 아 알로윈

💬 우린 그녀를 위한 예비 신부 파티를 열 거예요.

Nous allons faire un enterrement de vie de jeune fille pour elle.
누 잘롱 페(흐) 어 넝떼흐멍 드 비 드 죈 피이 뿌흐 엘

💬 그는 어젯밤 총각 파티에 갔어요.

Il est allé à un enterrement de vie de garçon hier soir.
일 레 딸레 아 어 넝떼흐멍 드 비 드 갸흐쏭 이에 쏘아

Chapitre 05
여행을 떠나요!

Unité 1 **출발 전**
Unité 2 **공항에서**
Unité 3 **기내에서**
Unité 4 **기차에서**
Unité 5 **숙박**
Unité 6 **관광**
Unité 7 **교통**

Unité 1 출발 전

MP3. C05_U01

여행 계획

💬 7월에 한 달 정도 여행을 떠나려고 해요.

Je pense partir en voyage pendant environ un mois en juillet.
즈 뻥쓰 빠흐띠 엉 부아이야즈 뻥당 엉비홍 엉 무아 엉 쥐에

💬 목적지는 정했어요?

Avez-vous décidé où aller ?
아베부 데씨데 우 알레?

💬 해외 여행을 가려고 해요.

Je vais voyager à l'étranger.
즈 베 부아이야제 아 레트항제

💬 예산에 맞춰 여행지를 정할 거예요.

Je choisirai une destination en fonction du budget.
즈 슈아지헤 윈 데스띠나씨옹 엉 퐁씨옹 뒤 븻제

💬 추위를 피해 따뜻한 지역으로 가고 싶어요.

Pour éviter le froid, je veux aller dans une région chaude.
뿌흐 에비떼 르 프후아, 즈 브 알레 당 쥔 헤지옹 쇼드

💬 일주일 동안 조용히 쉬다가 오고 싶어요.

Je veux revenir après m'être reposé(e) pendant une semaine.
즈 브 흐브니 아프해 메트(흐) 흐뽀제 뻥당 윈 쓰멘

💬 휴가가 길지 않아서 잠깐 여행할 곳을 찾고 있어요.

Comme mes vacances ne sont pas longues, je cherche où aller pour une courte période.
꼼 메 바깡쓰 느 쏭 빠 롱그, 즈 쉐흐슈 우 알레 뿌흐 윈 꾸흐뜨 뻬히오드

교통편 예약

💬 거기 어떻게 가는지 알아봤어요?

Avez-vous regardé comment y aller ?
아베부 흐갸흐데 꼬멍 이 알레?

💬 항공권은 미리 예약하는 게 좋아요.

Il vaut mieux réserver les billets d'avion à l'avance.
일 보 미으 헤제흐베 레 비에 다비옹 아 라방쓰

💬 다음 달에는 항공권 가격이 오를 거예요.

Les prix des billets d'avions augmenteront le mois prochain.
레 프히 데 비에 다비옹 오그멍뜨홍 르 무아 프호쉥

💬 기차를 타는 게 비행기를 타는 것보다 더 안전할 것 같아요.

Je pense que le train est plus sûr que l'avion.
즈 뻉스 끄 르 트행 에 쁠뤼 쒸흐 끄 라비옹

💬 기차를 타면 시간이 더 오래 걸릴 거예요.

Si vous prenez le train, ça prendra plus de temps.
씨 부 프흐네 르 트행, 싸 프헝드하 쁠뤼쓰 드 떵

💬 할인 요금 좌석을 찾고 있어요.

Je cherche une place à prix réduit.
즈 쉐흐슈 윈 쁠라쓰 아 프히 헤뒤

💬 온라인으로 티켓을 찾아보는 게 더 편리해요.

Il est plus commode de chercher le billet en ligne.
일 레 쁠뤼 꼬모드 드 쉐흐쉐 르 비에 엉 린뉴

Il est plus pratique de chercher le billet en ligne.
일 레 쁠뤼 프하띠끄 드 쉐흐쉐 르 비에 엉 린뉴

💬 언제 떠날 예정인가요?

Quand désirez-vous partir ?
깡 데지헤부 빠흐띠?

💬 목적지가 어디인가요?

Quelle est votre destination ?
껠 레 보트(흐) 데스띠나씨옹?

💬 뉴욕행 비행기 티켓을 예약하려고 합니다.

Je voudrais réserver un vol pour New-York.
즈 부드헤 헤제흐베 엉 볼 뿌흐 뉴욕

💬 편도인가요 왕복인가요?

Voulez-vous un aller simple ou un aller-retour ?
불레부 어 날레 쌩쁠 우 어 날레흐뚜?

💬 성인 두 명과 어린이 한 명 이코노미석으로 예약하고 싶습니다.

Je voudrais réserver deux billets adultes et un billet enfant en classe économique.
즈 부드헤 헤제흐베 드 비에 아뒬뜨 에 엉 비에 엉팡 엉 끌라쓰 에꼬노미끄

💬 예약 취소 규정이 어떻게 되는지 알고 싶어요.

J'aimerais connaître les conditions d'annulation de réservation.
쥅므헤 꼬네트(흐) 레 꽁디씨옹 다뉠라씨옹 드 헤제흐바씨옹

💬 출발 이틀 전까지 취소할 수 있습니다.

Il vous est possible d'annuler votre réservation jusqu'à deux jours avant le départ.
일 부 제 뽀씨블르 다뉠레 보트(흐) 헤제흐바씨옹 쥐스꺄 드 주흐 아방 르 데빠

여권 & 비자

💬 여권을 신청하려고 해요.

Je voudrais faire une demande de passeport.
즈 부드헤 페(흐) 윈 드망드 드 빠스뽀

💬 제 여권이 만료되었어요.

Mon passeport est expiré.
몽 빠스뽀 에 떽스뻬헤

💬 여권 발급을 신청하려면 어디로 가야 하나요?

Où dois-je faire ma demande de passeport ?
우 두아즈 페(흐) 마 드망드 드 빠스뽀?

À quel guichet dois-je me rendre pour demander un passeport ?
(구체적으로 어느 창구로 가야 할 지를 물어볼 때)
아 껠 기쉐 두아즈 므 헝드(흐) 뿌흐 드망데 엉 빠스뽀?

💬 여권 발급하는 데 시간이 얼마나 걸리나요?

Dans combien de temps aurais-je mon passeport ?
당 꽁비엉 드 떵 오헤즈 몽 빠스뽀?

💬 비자를 연장하고 싶어요.

Je voudrais prolonger mon visa.
즈 부드헤 프호롱제 몽 비자

💬 비자 발급 승인 여부는 언제 알 수 있죠?

Quand pourrais-je savoir si mon visa est accepté ?
깡 뿌헤즈 싸부아 씨 몽 비자 에 딱쎕떼?

Unité 2 공항에서

공항 가기

💬 샤를드골 공항까지 어떻게 가죠?

Comment aller à l'aéroport Charles-de-Gaulle ?
꼬멍 알레 알 라에호뽀 샤흘드골?

💬 탑승 수속을 위해 출발하기 2시간 전에는 공항에 도착해야 해요.

Il faut arriver à l'aéroport deux heures avant le départ pour (régler) les formalités d'embarquement.
일 포 따히베 알 라에호뽀 드 죄(흐) 아방 르 데빠 뿌흐 (헤글레) 레 포흐말리떼 덩바흐끄멍

💬 국제선 터미널로 가려면 RER B선을 타세요.

Pour aller au terminal international, prenez la ligne B du RER.
뿌흐 알레 오 떼흐미날 랭떼흐나씨오날, 프흐네 라 린뉴 베 뒤 에흐으에흐

💬 택시를 타고 공항까지 가면 요금이 많이 나올까요?

Est-ce que cela coûtera cher si je prends le taxi jusqu'à l'aéroport ?
에스끄 쓸라 꾸뜨하 쉐흐 씨 즈 프헝 르 딱씨 쥐스까 라에호뽀?

💬 공항까지 빨리 도착하려면 택시를 타는 게 좋을 거예요.

Si vous voulez arriver rapidement à l'aéroport, il vaut mieux prendre le taxi.
씨 부 불레 아히베 하삐드멍 아 라에호뽀, 일 보 미으 프헝드(흐) 르 딱씨

💬 공항에 지하철이나 버스를 타고 갈 수 있어요.

Il est possible d'aller à l'aéroport par RER ou bus.
일 레 뽀씨블르 달레 아 라에호뽀 빠흐 에흐으에흐 우 뷔쓰

발권

💬 에어프랑스 카운터가 어디죠?

Où est le comptoir d'Air France ?
우 에 르 꽁뚜아 데흐 프항쓰?

💬 여권을 보여 주세요.

Montrez-moi votre passeport s'il vous plaît.
몽트헤무아 보트(흐) 빠스뽀 씰 부 쁠레

Pourriez-vous me montrer votre passeport ?
뿌히에부 므 몽트헤 보트(흐) 빠스뽀?

💬 전자 티켓 예약 확인서 있으신가요?

Avez-vous la confirmation de réservation du billet électronique ?
아베부 라 꽁피흐마씨옹 드 헤제흐바씨옹 뒤 비에 엘렉트호니끄?

💬 탑승권을 확인해 주시기 바랍니다.

Veuillez vérifier votre carte d'embarquement.
뵈이에 베히피에 보트(흐) 꺄흐뜨 덩바흐끄멍

💬 창가 쪽에 좌석 있나요?

Est-ce qu'il y a un siège côté fenêtre ?
에스낄 리 아 엉 씨애즈 꼬떼 프네트(흐)?

💬 기내 반입하는 가방은 무게 제한이 있나요?

Y a-t-il une limite de poids pour le bagage cabine ?
이아띨 윈 리미뜨 드 뿌아 뿌흐 르 바가즈 꺄빈?

탑승

💬 탑승 수속은 어디에서 할 수 있나요?

Où puis-je faire mon embarquement ?
우 쀠즈 페(흐) 모 넝바흐끄멍?

💬 아직 30분 정도 더 기다려야 해요.

Vous devez encore attendre trente minutes.
부 드베 정꼬(흐) 아땅드(흐) 트헝뜨 미뉘뜨

💬 대한항공 702번 비행기 탑승은 몇 번 게이트에서 하나요?

Quel est le numéro de la porte d'embarquement de l'avion Korean Air sept cent deux ?
껠 레 르 뉘메호 들 라 뽀흐뜨 덩바흐끄멍 드 라비옹 꼬리안 에흐 쎄 썽 두?

💬 KE 702번 편을 이용하시는 승객 여러분은 11번 게이트로 오시기 바랍니다.

Nous invitons les passagers du vol KE sept cent deux à se rendre porte onze pour l'embarquement.
누 쟁비똥 레 빠싸제 뒤 볼 까으 쎄 썽 드 자 쓰 헝드(흐) 뽀흐뜨 옹즈 뿌흐 렁바흐끄멍

💬 11번 게이트는 여기에서 멀리 떨어져 있어요. 가능한 한 미리 이동하시기 바랍니다.

La porte onze se trouve loin d'ici. Veuillez-vous y rendre aussi tôt que possible.
라 뽀흐뜨 옹즈 쓰 트후브 루앙 디씨. 뵈이에부 지 헝드(흐) 오씨 또 끄 뽀씨블르

💬 탑승권을 미리 준비하시기 바랍니다.

Nous vous prions de préparer votre carte d'embarquement à l'avance.

누 부 프히옹 드 프헤빠헤 보트(흐) 꺄흐뜨 덩바흐끄멍 아 라방쓰

세관

💬 세관 신고서를 작성해 주세요.

Veuillez remplir un formulaire de déclaration de douane.

뵈이에 헝쁠리 엉 뽀흐뮐레(흐) 드 데끌라하씨옹 드 두안

💬 신고하실 물품이 있나요?

Avez-vous des choses à déclarer ?

아베부 데 쇼즈 아 데끌라헤?

💬 이 세관 신고서는 어떻게 작성하는 건가요?

Comment dois-je remplir ce formulaire de déclaration de douane ?

꼬멍 두아즈 헝쁠리 쓰 포흐뮐레(흐) 드 데끌라하씨옹 드 두안?

💬 세관 신고 대상 물품을 기재하시고, 본인의 이름과 생년월일을 적으시면 됩니다.

Vous devez inscrire les objets déclarables en douane, ainsi que votre nom et votre date de naissance.
부 드베 쟁쓰크히(흐) 레 조브제 데끌라하블르 엉 두안, 앵씨 끄 보트(흐) 농 에 보트(흐) 다뜨 드 네쌍스

💬 달러로 얼마까지 면세가 되나요?

À partir de quelle somme en dollar, est-il possible d'avoir une détaxe ?
아 빠흐띠 드 껠 솜 엉 돌라, 에띨 뽀씨블르 다부아 윈 데딱쓰?

💬 물품가 구입 금액이 총 600달러 미만이면 면세됩니다.

La détaxe peut être faite si la somme totale de vos achats est au moins de six cent dollars.
라 데딱쓰 쁘 에트(흐) 페뜨 씨 라 쏨 또딸 드 보 자샤 에 또 무앙 드 씨 썽 돌라

면세점

💬 면세점에서 가족들에게 줄 선물을 사려고 해요.

Je vais acheter des cadeaux pour ma famille dans la boutique hors taxes.
즈 베 자슈떼 데 꺄도 뿌흐 마 파미이 당 라 부띠끄 오흐 딱쓰

💬 면세점이 백화점보다 훨씬 싸거든요.

Les boutiques hors taxes sont moins chères que les grands magasins.
레 부띠끄 오흐 딱쓰 쏭 무앙 쉐흐 끄 레 그항 마갸쟁

💬 탑승구 방향으로 가다보면 면세점이 나올 거예요.

En vous rendant vers votre porte d'embarquement, vous verrez les boutiques hors taxes.
엉 부 헝당 베흐 보트(흐) 뽀흐뜨 덩바흐끄멍, 부 베헤 레 부띠끄 오흐 딱쓰

💬 면세점에서 쇼핑할 시간이 있을까요?

Est-ce qu'on aura assez de temps pour faire du shopping au duty-free ?
에스꼬 노하 아쎄 드 떵 뿌흐 페(흐) 뒤 쇼삥 오 듀띠프히?

💬 액체류는 기내 반입이 안 되지만, 면세점에서 구입한 술이나 화장품은 괜찮아요.

Les liquides sont interdits à bord, hormis l'alcool ou les cosmétiques acheté au duty-free de l'aéroport.
레 리끼드 쏭 땡떼흐디 아 보흐, 오흐미 랄꼴 우 레 꼬쓰메띠끄 아슈떼 오 듀띠프히 드 라에호뽀

출국 심사

💬 출국 심사장이 어디인가요?

Où se fait le contrôle de départ ?
우 쓰 페 르 꽁트홀 드 데빠?

💬 EU 회원국 국민을 위한 창구가 따로 있어요.

Il y a un guichet séparé pour les résidents des pays de l'Union européenne.
일 리 아 엉 기쉐 쎄빠헤 뿌흐 레 헤지덩 데 뻬이 들 뤼니옹 으호뻰

💬 비유럽 국가 승객은 옆줄입니다.

La queue pour les passagers de nationalité non-européenne se fait à côté.
라 꾀 뿌흐 레 빠싸제 드 나씨오날리떼 논으호뻰 쓰 페 아 꼬떼

💬 여권과 탑승권을 보여 주세요.

Veuillez montrer votre passeport et votre carte d'embarquement.
뵈이에 몽트헤 보트(흐) 빠스뽀 에 보트(흐) 꺄흐뜨 덩바흐끄멍

💬 어디까지 가십니까?

Jusqu'où vous rendez-vous ?
쥐스꾸 부 헝데부?

💬 출국 신고서를 작성해야 하나요?

Dois-je remplir la déclaration de départ ?

두아즈 헝쁠리 라 데끌라하씨옹 드 데빠?

💬 출국 신고서는 작성하실 필요 없습니다.

Vous n'avez pas besoin de remplir la déclaration de départ.

부 나베 빠 브주앙 드 헝쁠리 라 데끌라하씨옹 드 데빠

보안 검사

💬 가방은 검색대 위 바구니에 넣어 주세요.

Mettez votre sac dans la panière sur le comptoir de contrôle.

메떼 보트(흐) 싸끄 당 라 빠니애(흐) 쒸흐 르 꽁뚜아 드 꽁트홀

💬 겉옷과 주머니에 든 물건은 전부 꺼내 바구니에 넣으세요.

Retirez tous les objets qui sont dans vos poches et mettez-les avec votre manteau dans la panière.
흐띠헤 뚜 레 조브제 끼 쏭 당 보 뽀슈 에 메떼레 아베끄 보트(흐) 망또 당 라 빠니애(흐)

💬 전자 제품은 다른 바구니에 넣어 주세요.

Mettez les appareils électroniques dans une autre panière.
메떼 레 자빠헤이 젤렉트호니끄 당 쥔 오트(흐) 빠니애(흐)

💬 방금 뜯은 주스병인데 이것도 버려야 해요?

C'est une bouteille de jus que je viens juste d'ouvrir. Est-ce que je dois aussi la jeter ?
쎄 뛴 부떼이 드 쥐 끄 즈 비엉 쥐스뜨 두브히. 에스끄 즈 두아 오씨 라 즈떼?

💬 음료수는 반입이 안 됩니다.

Il est interdit d'embarquer avec une boisson.
일 레 땡떼흐디 덩바흐께 아베끄 원 부아쏭

💬 금속 탐지기를 통과해 주세요.

Passez sous le portique.
빠쎄 쑬 르 뽀흐띠끄

💬 신발을 벗어 주세요.

Veuillez-vous déchausser.
뵈이에부 데쇼쎄

입국 심사

💬 작성한 입국 신고서를 보여 주세요.

Veuillez montrer la déclaration d'arrivée que vous avez remplie.
뵈이에 몽트헤 라 데끌라하씨옹 다히베 끄 부 자베 헝쁠리

💬 국적이 어디입니까?

Quelle est votre nationalité ?
껠 레 보트(흐) 나씨오날리떼?

💬 프랑스에서 목적지가 어디입니까?

Quelle est votre destination en France ?
껠 레 보트(흐) 데스띠나씨옹 엉 프항쓰?

💬 방문 목적은 무엇입니까?

Quel est l'objectif de votre visite ?
껠 레 로브젝띠프 드 보트(흐) 비지뜨?

💬 관광차 왔습니다.

C'est une visite touristique.
쎄 뛴 비지뜨 뚜히스띠끄

💬 사업차 왔습니다.

C'est un voyage d'affaires.
쎄 뛴 부아이야즈 다페(흐)

💬 친지 방문차 왔습니다.

C'est une visite familiale.
쎄 뛴 비지뜨 파밀리알

💬 얼마 동안 체류할 예정이신가요?

Combien de jours allez-vous séjourner ici ?
꽁비엉 드 주흐 알레부 쎄주흐네 이씨?

Combien de jours restez-vous ici ?
꽁비엉 드 주흐 헤스떼부 지씨?

💬 2주간 머물 예정입니다.

Mon séjour va durer deux semaines.
몽 쎄주 바 뒤헤 드 쓰멘

마중

💬 공항에 누가 마중을 와 있나요?

Est-ce que quelqu'un vient vous chercher à l'aéroport ?
에스끄 껠껑 비엉 부 쉐흐쉐 아 라에호뽀?

💬 거래처에서 사람이 나오기로 했어요.

Une relation de travail doit venir me chercher.
윈 흘라씨옹 드 트하바이 두아 브니 므 쉐흐쉐

💬 만나기로 한 분 성함이 어떻게 되죠?

Quel est le nom de la personne que vous devez rencontrer ?
껠 레 르 농 들 라 뻬흐쏜 끄 부 드베 헝꽁트헤?

💬 비행기 연착 때문에 1시간은 더 그를 기다려야 해요.

L'avion étant en retard, je dois l'attendre une heure de plus.
라비옹 에땅 떵 흐따, 즈 두아 라떵드(흐) 윈 외(흐) 드 쁠뤼

💬 마중 나오기로 한 사람이 안 나왔어요.

La personne qui était censée venir me chercher, n'est pas venue.
라 뻬흐쏜 끼 에떼 썽쎄 브니 므 쉐흐쉐, 네 빠 브뉘

💬 네가 마중 나올 줄은 미처 몰랐어!

Je ne savais pas que tu viendrais me chercher !
즈 느 싸베 빠 끄 뛰 비엉드헤 므 쉐흐쉐!

💬 마중 나와 줘서 정말 고마워.

Merci beaucoup d'être venu(e) me chercher.
메흐씨 보꾸 데트(흐) 브뉘 므 쉐흐쉐

공항 기타

💬 승객 여러분, 9시 20분 출발 예정인 인천행 702편기가 연착하고 있습니다.

Mesdames et Messieurs, le vol sept cent deux pour Incheon, prévu au départ à neuf heures vingt, est en retard.

메담 제 메씨으, 르 볼 쎄 썽 드 뿌흐 인천, 프헤뷔 오 데빠 아 뇌 뵈(흐) 뱅, 에 떵 흐따

💬 비행기가 연착해서 자정에나 도착할 것 같아요.

Comme l'avion est en retard, je pense arriver vers minuit.

꼼 라비옹 에 떵 흐따, 즈 뻥쓰 아히베 베흐 미뉘

💬 현재 런던 직항 비행편은 없고 경유 항공편만 있어요.

Il n'y a pas de vol direct pour Londres pour le moment, mais seulement un vol avec escale.

일 니 아 빠 드 볼 디헥뜨 뿌흐 롱드(흐) 뿌흐 르 모멍, 메 쐴멍 엉 볼 아베끄 에스꺌

💬 수하물은 곧 나올 겁니다.

Les bagages seront sortis dans un instant.
레 바갸즈 쓰홍 쏘흐띠 당 저 냉스땅

💬 제 짐이 아직도 나오지 않았어요.

Mon bagage n'est pas encore sorti.
몽 바갸즈 네 빠 정꼬(흐) 쏘흐띠

💬 죄송합니다. 알아보니 선생님의 짐이 일본의 하네다 공항으로 갔습니다.

Je regrette. Selon nos recherches, votre bagage est à l'aéroport Haneda au Japon.
즈 흐그헷뜨, 쓸롱 노 흐쉐흐슈, 보트(흐) 바갸즈 에 딸 라에호뽀 아네다 오 자뽕

Unité 3 기내에서

좌석 찾기

💬 A열 23번 좌석은 어디에 있나요?

Où est le siège numéro vingt-trois du rang A ?
우 엘 르 씨애즈 뉘메호 뱅트후아 뒤 항 아?

💬 23번 좌석은 오른쪽으로 가시기 바랍니다.

Veuillez aller à droite pour le siège vingt-trois.
뵈이에 잘레 아 드후아뜨 뿌흐 르 씨애즈 뱅트후아

💬 실례지만 여긴 제 자리 같은데요.

Excusez-moi, je pense qu'ici c'est ma place.
엑스뀌제무아, 즈 뻥쓰 끼씨 쎄 마 쁠라쓰

💬 죄송합니다. 제가 자리를 착각했네요.

Pardon, je me suis trompé(e) de place.
빠흐동, 즈 므 쒸 트홍뻬 드 쁠라쓰

💬 비즈니스석은 앞쪽으로 가시기 바랍니다.

Veuillez aller tout droit pour la classe affaires.
뵈이에 잘레 두 드후아 뿌흐 라 끌라쓰 아페(흐)

💬 선생님, 좌석이 승급되었습니다. 비즈니스석으로 안내해 드리겠습니다.

Monsieur (Madame), votre siège a été surclassé. Je vais vous guider en classe affaires.
므씨으 (마담), 보트(흐) 씨애즈 아 에떼 쉬흐끌라쎄.
즈 베 부 기데 엉 끌라쓰 아페(흐)

💬 혹시 다른 좌석으로 바꿀 수 있을까요?

Est-ce qu'il est possible de changer de place ?
에스낄 레 뽀씨블르 드 샹제 드 쁠라쓰?

기내

💬 제 가방 좀 선반 위에 놓도록 도와주시겠어요?

Pourriez-vous m'aider à mettre mon sac sur l'étagère ?
뿌히에부 메데 아 메트(흐) 몽 싸끄 쉬흐 에따재(흐)?

Pourriez-vous m'aider à mettre mon sac dans le casier ?
뿌히에부 메데 아 메트(흐) 몽 싸끄 당 르 꺄지에?

💬 안전벨트를 매 주시기 바랍니다.

Veuillez attacher votre ceinture de sécurité.
뵈이에 아따쉐 보트(흐) 쌩뛰(흐) 드 쎄뀌히떼

💬 곧 이륙할 예정이니 전자 기기는 전원을 꺼 주시기 바랍니다.

Notre avion va décoller dans un instant. Veuillez éteindre vos appareils électroniques.
노트(흐) 아비옹 바 데꼴레 당 저 냉스땅. 뵈이에 제땡드(흐) 보 자빠헤이 엘렉트호니끄

💬 담요와 베개 좀 주실 수 있을까요?

Auriez-vous une couverture et un oreiller ?
오히에부 윈 꾸베흐뛰(흐) 에 어 노헤이에?
Pourriez-vous me donner une couverture et un oreiller ?
뿌히에부 므 도네 윈 꾸베흐뛰(흐) 에 어 노헤이에?

💬 창문 블라인드 좀 내려 주시겠어요?

Pourriez-vous descendre le store de la fenêtre, s'il vous plaît.
뿌히에부 데썽드(흐) 르 스또(흐) 들 라 프네트(흐),
씰 부 쁠레

💬 도착하려면 얼마나 더 걸리나요?

Dans combien de temps arrive-t-on ?
당 꽁비엉 드 떵 아히브똥?

기내식

💬 물 좀 한 잔 주시겠어요?

Je voudrais un verre d'eau, s'il vous plaît.
즈 부드헤 엉 베(흐) 도, 씰 부 쁠레

💬 혹시 커피가 지금 서비스 되나요?

Est-ce qu'il est possible de prendre un café maintenant ?
에스낄 레 뽀씨블르 드 프헝드(흐) 엉 꺄페 맹뜨낭?

💬 식사는 한식과 프랑스 요리가 있습니다. 어떤 걸로 드릴까요?

Pour le repas, il y a de la cuisine française et de la cuisine coréenne. Que désirez-vous ?
뿌흐 르 흐빠, 일 리 아 들 라 뀌진 프항쎄즈 에 들 라 뀌진 꼬헤엔. 끄 데지헤부?

💬 프랑스 요리로 주시고, 연어 요리로 주세요.

Je vais prendre le plat français au saumon, s'il vous plaît.
즈 베 프헝드(흐) 르 쁠라 프항쎄 오 쏘몽, 씰 부 쁠레

💬 선택하신 요리는 지금 준비가 어렵습니다. 양해해 주시기 바랍니다.

Je suis navré(e) mais ce choix n'est plus disponible.
즈 쒸 나브헤 메 쓰 슈아 네 쁠뤼 디스뽀니블르

💬 비행 중 아이스크림이 제공됩니다.

Nous vous offrons des glaces au cours du vol.
누 부 조프홍 데 글라쓰 오 꾸흐 뒤 볼

💬 저녁 식사는 언제 준비되나요?

Quand le dîner sera-t-il servi ?
깡 르 디네 쓰하띨 세흐비?

Unité 4 기차에서

기차표 구입

💬 여름 휴가 기차표를 지금 예매해 두세요.

Réservez dès maintenant votre billet de train pour les vacances d'été.
헤제흐베 대 맹뜨낭 보트(흐) 비에 드 트헹 뿌흐 레 바깡쓰 데떼

💬 기차 운행 시간표는 확인했어요?

Avez-vous vérifié les horaires de train ?
아베부 베히피에 레 조헤(흐) 드 트헹?

💬 리옹행 2등석으로 두 장 주세요.

Deux billets en deuxième classe pour Lyon, s'il vous plaît.
드 비에 엉 두지앰 끌라쓰 뿌흐 리옹, 씰 부 쁠레

💬 올 여름 유럽 여행할 기차표를 벌써 사 놨어요.

J'ai déjà acheté un billet pour faire le tour de l'Europe en train cet été.
줴 데자 아슈떼 엉 비에 뿌흐 페(흐) 르 뚜흐 드 르호쁘 엉 트헹 쎄 떼떼

441

💬 스트라스부르까지 기차로 가는 게 차보다 더 편해요.

C'est plus facile d'aller à Strasbourg en train qu'en voiture.
쎄 쁠뤼 파씰 달레 아 스트하쓰부 엉 트행 껑 부아뛰(흐)

💬 스트라스부르까지 가는 기차표가 매진되었어요.

Tous les billets pour Strasbourg ont été vendus.
뚜 레 비에 뿌흐 스트하쓰부 옹 떼떼 벙뒤

기차 타기

💬 몇 시 기차 타나요?

À quelle heure prenez-vous le train ?
아 껠 뢰(흐) 프흐네부 르 트행?

💬 11시에 출발하는 기차예요.

Le train part à onze heures.
르 트행 빠흐 아 옹즈 외(흐)

💬 몇 번 선로에서 타는 건지 확인하고 타세요.

Vérifiez de quelle voie part le train et prenez le.
베히피에 드 껠 부아 빠흐 르 트행 에 프흐네 르

Vérifiez de quel quai part le train et prenez le.
베히피에 드 껠 께 빠흐 르 트행 에 프흐네 르

💬 그 기차는 11번 선로에서 탈 수 있어요.

Vous pouvez prendre ce train sur la voie onze.
부 뿌베 프헝드(흐) 쓰 트행 쒸흐 라 부아 옹즈

💬 8번 객차가 어느 쪽에 있죠?

Où est la voiture huit ?
우 에 라 부아뛰(흐) 위뜨?

💬 2등석 칸은 오른쪽에 있어요.

Le wagon de deuxième classe se trouve à droite.
르 바공 드 두지앰 끌라쓰 쓰 트후브 아 드후아뜨

💬 기차표는 개찰하고 타야 합니다. 자동 개찰기는 플랫폼에 있습니다.

Vous devez composter votre billet avant de monter dans le train. La machine à composter est sur le quai.
부 드베 꽁포스떼 보트(흐) 비에 아방 드 몽트헤 당 르 트행. 라 마쉰 아 꽁뽀스떼 에 쒸흐 르 께

객실에서

💬 23번 좌석이 여기 맞나요?

Est-ce que c'est bien la place vingt-trois ?
에스끄 쎄 비엉 라 쁠라쓰 뱅트후아?

💬 52번 좌석은 여기 없는데요. 도대체 어디에 있는 거죠?

Il n'y a pas de place cinquante-deux ici. Où peut-elle bien se trouver ?
일 니 아 빠 드 쁠라쓰 쌩깡뜨드 이씨. 우 쁘뗄 비엉 쓰 트후베?

💬 실례지만 저와 자리를 바꿔 주실 수 있나요?

Excusez-moi, pourriez-vous changer de place avec moi ?
엑스뀌제무아, 뿌히에부 샹제 드 쁠라쓰 아베끄 무아?

💬 큰 가방은 선반 위에 올려놔 주세요.

Veuillez mettre les gros sacs en hauteur.
뵈이에 메트(흐) 레 그호 싸끄 어 노뙤

💬 식당칸에 잠깐 갔다 올게요.

Je vais au wagon-restaurant et je reviens.
즈 베 오 바공헤스또항 에 즈 흐비엉

💬 다음 정차역이 어디예요?

Quelle est la prochaine gare ?
껠 레 라 프호쉔 갸(흐)?

💬 잠시 검사가 있겠습니다. 기차표와 여권을 보여 주세요.

Nous allons effectuer un contrôle. Merci de montrer votre billet de train et votre passeport.

누 잘롱 에펙뛰에 엉 꽁트홀. 메흐씨 드 몽트헤 보트(흐) 비에 드 트행 에 보트(흐) 빠스뽀

역 도착

💬 이제 곧 니스-빌 역에 도착합니다.

Nous arrivons bientôt à la gare de Nice-ville.

누 자히봉 비엉또 알 라 갸(흐) 드 니쓰빌

💬 우리 기차는 니스-빌 역에서 10분 후에 정차하겠습니다.

Notre train arrivera en gare de Nice-ville dans dix minutes.

노트(흐) 트행 아히브하 엉 갸(흐) 드 니쓰빌 당 디 미뉘뜨

💬 역에 내리기 전에 놓고 내리는 물건이 없는지 잘 확인하세요.

Avant de descendre du train, veuillez vérifier que vous n'avez rien oublié à votre place.
아방 드 데썽드(흐) 뒤 트헹, 뵈이에 베히피에 끄 부 나베 히엉 우블리에 아 보트(흐) 쁠라쓰

💬 짐을 미리 챙기도록 해요.

Préparez vos bagages à l'avance.
프헤빠헤 보 바갸즈 아 라방쓰

💬 가방 내리는 걸 도와드릴까요?

Puis-je vous aider à descendre votre valise ?
쀠즈 부 제데 아 데썽드(흐) 보트(흐) 발리즈?

💬 여기가 앙티브 역 맞나요?

Est-ce bien la gare d'Antibes ici ?
에쓰 비엉 라 갸(흐) 당띠브 이씨?

💬 안내 방송에서 이번이 무슨 역이라고 했나요?

Quelle gare a été annoncée cette fois ?
껠 갸(흐) 아 에떼 아농쎄 쎗뜨 푸아?

447

기차 기타

💬 이 기차는 마르세이유행 기차입니다.

Ce train est pour Marseille.
쓰 트헹 에 뿌흐 마흐쎄이

💬 기차를 잘못 탔네요. 이게 파리행 기차인 줄 알았어요.

Je me suis trompé(e) de train. Je pensais que c'était le train pour Paris.
즈 므 쒸 트홍뻬 드 트헹. 즈 뻥쎄 끄 쎄떼 르 트헹 뿌흐 빠히

💬 다음 역에서 파리행 기차로 갈아 타세요.

Vous pouvez changer de train pour Paris à la prochaine gare.
부 뿌베 샹제 드 트헹 뿌흐 빠히 알 라 프호쉔 갸(흐)

💬 기차를 놓쳤어요.

J'ai raté le train.
줴 하떼 르 트헹

💬 이 역에선 TGV가 정차하지 않습니다. TGV를 타려면 다른 역으로 가세요.

Le TGV ne s'arrête pas à cette gare. Pour prendre le TGV vous devez vous rendre à une autre gare.
르 떼줴베 느 싸헤뜨 빠 자 쎗뜨 갸(흐). 뿌흐 프헝드(흐) 르 떼줴베 부 드베 부 헝드(흐) 아 윈 노트(흐) 갸(흐)

💬 이 기차역 안에 기다릴 수 있는 곳이 있나요?

Est-ce qu'il y a un lieu d'attente dans cette gare ?
에스낄 리 아 엉 리으 아떵뜨 당 쎗뜨 갸(흐)?

💬 기차역 안 카페에서 기다릴게요.

Je vais vous attendre dans le café de la gare.
즈 베 부 자떵드(흐) 당 르 꺄페 들 라 갸(흐)

Unité 5 숙박

숙박 시설 예약

💬 숙소는 예약했어요?

Avez-vous réservé le logement ?
아베부 헤제흐베 르 로즈멍?

💬 아직 마음에 드는 호텔을 찾지 못했어요.

Je n'ai pas encore trouvé d'hôtel qui me plaît.
즈 네 빠 정꼬(흐) 트후베 도뗄 끼 므 쁠레

💬 그 호텔은 가격에 비해 시설이 좋지 못해요.

Cet hôtel n'a pas un bon rapport qualité-prix.
쎄 또뗄 나 빠 정 봉 하뽀 꺌리떼프히

💬 몽파르나스 역 근처 호텔을 찾고 있어요.

Je cherche un hôtel près de la gare de Montparnasse.
즈 쉐흐슈 어 노뗄 프해 들 라 갸(흐) 드 몽빠흐나쓰

💬 온라인으로 그 호텔 이용 후기를 읽어 보고 선택하세요.

Vous pouvez choisir après avoir lu en ligne les commentaires concernant cet hôtel.

부 뿌베 슈아지 아프해 자부아 뤼 엉 린뉴 레 꼬멍떼(흐) 꽁쎄흐낭 쎄 또뗄

💬 유스호스텔을 예약하는 게 나을 것 같아요.

Je pense qu'il serait mieux de réserver une auberge de jeunesse.

즈 뻥쓰 낄 쓰헤 미으 드 헤제흐베 윈 오베흐즈 드 죄네쓰

💬 드디어 파리에서 묵을 숙소를 예약했어요.

J'ai enfin réservé un logement à Paris.

줴 엉팽 헤제흐베 엉 로즈망 아 빠히

💬 좀 오래되었지만 깨끗한 호텔을 찾았어요.

J'ai trouvé un hôtel qui date un peu mais qui est propre.

줴 트후베 어 노뗄 끼 다뜨 엉 쁘 메 끼 에 프호프(흐)

💬 지하철 역에서 가까운 호텔을 예약했어요.

J'ai réservé un hôtel près de la station de métro.
쉐 헤제흐베 어 노뗄 프해 들 라 스따씨옹 드 메트호

💬 유스호스텔에 1인실을 예약했어요.

J'ai réservé une chambre pour une personne dans une auberge de jeunesse.
쉐 헤제흐베 윈 샹브(흐) 뿌흐 윈 뻬흐쏜 당 쥔 오베흐즈 드 죄네쓰

💬 제가 예약한 방은 가격이 싼 대신에 공용 화장실을 이용해야 해요.

La chambre que j'ai réservée n'est pas chère, mais les toilettes sont communes.
라 샹브(흐) 끄 쉐 헤제흐베 네 빠 쉐(흐), 메 레 뚜알렛뜨 송 꼬뮌

💬 그 방은 조식 포함된 1박 요금이 80유로밖에 안 돼요.

Cette chambre ne coûte que quatre-vingts euros pour une nuit petit déjeuner compris.

쎗뜨 샹브(흐) 느 꾸뜨 끄 꺄트(흐)뱅 으호 뿌흐 윈 뉘 쁘띠 데죄네 꽁프히

체크인

💬 호텔에 좀 일찍 도착할 텐데 체크인 가능한가요?

Je risque d'arriver tôt à l'hôtel, sera-t-il possible de faire mon check-in ?

즈 히쓰끄 다히베 또 알 로뗄, 쓰하띨 뽀씨블르 드 페(흐) 몽 체끄인?

💬 많이 늦을 것 같은데요, 접수 데스크는 몇 시까지 열려 있나요?

Je pense arriver assez tard. Jusqu'à quelle heure ouvre la réception ?

즈 뻥쓰 아히베 아쎄 따흐. 쥐스꺄 껠 뢰(흐) 우브(흐) 라 헤쎕씨옹?

💬 체크인하려고 합니다.

Je voudrais faire un check-in.
즈 부드헤 페(흐) 엉 체끄인

💬 예약한 분 성함이 어떻게 되나요?

À quel nom avez-vous fait la réservation ?
아 껠 농 아베부 펠 라 헤제흐바씨옹?

💬 손님 방은 307호입니다. 여기 방 열쇠입니다.

Votre chambre est la trois cent sept. Voici votre clé.
보트(흐) 샹브(흐) 에 라 트후아 썽 쎄뜨.
부아씨 보트(흐) 끌레

💬 짐이 좀 많은데 엘리베이터는 어디 있나요?

J'ai beaucoup de bagages. Où est l'ascenseur ?
줴 보꾸 드 바갸즈. 우 에 라썽쒸?

💬 짐은 방까지 가져다드리겠습니다.

Nous allons apporter les bagages à votre chambre.
누 잘롱 아뽀흐떼 레 바갸즈 아 보트(흐) 샹브(흐)

체크아웃

💬 몇 시까지 체크아웃해야 하나요?

Pour quelle heure dois-je faire le check-out ?
뿌흐 껠 뢰(흐) 두아즈 페(흐) 르 체끄아웃?

À quelle heure est le check-out ?
아 껠 뢰(흐) 에 르 체끄아웃?

💬 체크아웃하겠습니다.

Je voudrais faire le check-out.
즈 부드헤 페(흐) 르 체끄아웃

💬 영수증과 함께 청구 내역서도 드릴까요?

Voulez-vous avoir une facture avec votre reçu ?
불레부 아부아 윈 팍뛰(흐) 아베끄 보트(흐) 흐쒸?

💬 이 추가 요금은 무엇인가요?

À quoi est du ce supplément ?
아 꾸아 에 뒤 쓰 쒸쁠레멍?

💬 하룻밤 더 묵을 수 있나요?

Puis-je rester une nuit de plus ?
쀠즈 헤쓰떼 윈 뉘 드 쁠뤼쓰?

💬 예정보다 하루 일찍 체크아웃 가능한가요?

Puis-je faire le check-out un jour plus tôt que prévu ?

뿨즈 페(흐) 르 체끄아웃 엉 주흐 쁠뤼 또 끄 프헤뷔?

💬 제 짐을 카운터에 오후 5시까지 맡겼으면 해요.

Je voudrais laisser mes bagages au comptoir jusqu'à dix-sept heures.

즈 부드헤 레쎄 메 바갸즈 오 꽁뚜아 쥐스꺄 디쎄 뙤(흐)

숙박 시설 이용

💬 아침 식사는 어디에서 하는 거죠?

Où puis-je prendre le petit déjeuner ?

우 쀠즈 프헝드(흐) 르 쁘띠 데죄네?

💬 혹시 객실 내에서 아침 식사를 할 수 있나요?

Est-ce que je peux prendre le petit déjeuner dans ma chambre ?

에스끄 즈 쁘 프헝드(흐) 르 쁘띠 데죄네 당 마 샹브(흐)?

💬 세탁실은 어디에 있나요?

Où est la salle de blanchisserie ?
우 에 라 쌀 드 블랑쉬쓰히?

💬 룸서비스로 뭐가 있죠?

Quels services sont proposés par le room service ?
껠 쎄흐비쓰 쏭 프호뽀제 빠흐 르 훔 쎄흐비쓰?

💬 203호에 수건 좀 두 장 더 주시겠어요?

Pourriez-vous apporter deux serviettes de bain supplémentaires dans la chambre deux cent trois ?
뿌히에부 아뽀흐떼 드 쎄흐비엣뜨 드 뱅 쉬쁠레멍떼(흐) 당 라 샹브(흐) 드 썽 트후아?

💬 추가로 침대를 놔 줄 수 있나요?

Pourriez-vous ajouter un autre lit ?
뿌히에부 아주떼 어 노트(흐) 리?

💬 국제 전화 사용에 대한 추가 요금은 얼마인가요?

Combien coûte le supplément pour les appels à l'étranger ?
꽁비엉 꾸뜨 르 쒸쁠레멍 뿌흐 레 자뻴 아 레트항제?

불편사항

💬 침대 옆에 있는 램프가 고장 났어요.

La lampe qui se trouve à côté du lit est en panne.
라 랑쁘 끼 쓰 트후브 아 꼬떼 뒤 리 에 떵 빤

💬 샤워실에서 온수가 나오질 않아요.

Il n'y a pas d'eau chaude dans la salle de douche.
일 니 아 빠 도 쇼드 당 라 쌀 드 두슈

💬 세면대에 물이 새는데요.

Il y a une fuite d'eau dans le lavabo.
일 리 아 윈 퓌뜨 도 당 르 라바보

💬 방 청소는 언제 해 주시나요? 아직도 정리가 안 되었어요.

Quand nettoyez-vous les chambres ? Ma chambre n'a pas encore été rangée.
깡 넷뚜아이예부 레 샹브(흐)? 마 샹브(흐) 나 빠 정꼬(흐) 에떼 항제

💬 제 방 문이 잘 안 닫혀요.

La porte de ma chambre ne se ferme pas bien.
라 뽀흐뜨 드 마 샹브(흐) 느 쓰 페흠므 빠 비엉

💬 방에서 이상한 냄새가 나요. 혹시 다른 방으로 옮길 수 있나요?

Il y a une odeur bizarre dans ma chambre. Pourriez-vous me changer de chambre ?
일 리 아 윈 오되 비자(흐) 당 마 샹브(흐).
뿌히에부 므 샹제 드 샹브(흐)?

Unité 6 관광

관광 안내소

💬 이 도시에는 관광 안내소가 어디 있나요?

Où est l'office du tourisme dans cette ville ?
우 에 로피쓰 뒤 뚜히즘 당 쎘뜨 빌?

💬 관광 안내 지도 한 장 받을 수 있을까요?

Est-ce que je peux avoir un plan touristique ?
에스끄 즈 쁘 자부아 엉 쁠랑 뚜히스띠끄?

💬 관광 안내소에서는 관광객들에게 친절하게 안내해 줘요.

À l'office du tourisme, on renseigne les touristes avec gentillesse.
알 로피쓰 뒤 뚜히즘, 옹 헝쎄뉴 레 뚜히스뜨 아베끄 정띠에쓰

💬 이곳에서 열리는 지역 축제에 대해 알고 싶어요.

Je voudrais avoir des informations sur les festivals tenus dans cette ville.
즈 부드헤 자부아 데 쟁포흐마씨옹 쒸흐 레 페스띠발 뜨뉘 당 쎘뜨 빌

💬 이 지역에서 3일 동안 묵을 호텔을 찾고 싶어요.

Je voudrais trouver un hôtel pour pouvoir rester trois jours dans la région.
즈 부드헤 트후베 어 노뗄 뿌흐 뿌부아 헤스떼 트후아 주흐 당 라 헤지옹

💬 이 지역 명소 좀 알려 주세요.

Pourriez-vous m'indiquer les sites célèbres de cette région ?
뿌히에부 맹디께 레 씨뜨 쎌래브(흐) 드 쎘뜨 헤지옹?

투어 참여

💬 투어 프로그램이 있다고 들었는데요. 자세히 알고 싶어요.

J'ai entendu dire qu'il y avait un programme touristique. Pourriez-vous m'en dire plus à ce sujet ?

줴 엉떵뒤 디(흐) 낄 리 아베 엉 프호그함 뚜히스띠끄. 뿌히에부 멍 디(흐) 쁠뤼쓰 아 쓰 쒸제?

💬 투어에 총 몇 명까지 참여할 수 있나요?

Environ combien de personnes peuvent participer au programme touristique ?

엉비홍 꽁비엉 드 뻬흐쏜 뾔브 빠흐띠씨뻬 오 프호그함 뚜히스띠끄?

💬 투어 코스는 어떻게 되나요?

Quel est l'itinéraire touristique emprunté ?

껠 레 리띠네헤(흐) 뚜히스띠끄 엉프헝떼?

💬 투어 프로그램에 참여하려면 일인당 비용이 얼마인가요?

Combien coûte par personne la participation au programme touristique ?

꽁비엉 꾸뜨 빠흐 뻬흐쏜 라 빠흐띠씨빠씨옹 오 프호그함 뚜히스띠끄?

💬 자유 시간이 있나요?

Est-ce qu'il y a des moments de temps libre ?

에스낄 리 아 데 모멍 드 떵 리브(흐)?

💬 내일 아침 10시까지 역 앞으로 모이시기 바랍니다.

Nous vous prions de vous rassembler devant la gare demain matin à dix heures.

누 부 프히옹 드 부 하썽블레 드방 라 갸(흐) 드맹 마땡 아 디 죄(흐)

가이드 안내

💬 이제 출발하겠습니다. 저를 따라 오세요.

Nous partons maintenant. Suivez-moi, s'il vous plaît.
누 빠흐똥 맹뜨낭. 쒸베무아, 씰 부 쁠레

💬 차로 이동하겠습니다.

Nous allons voyager en voiture.
누 잘롱 부아이야제 엉 부아뛰(흐)

💬 왼쪽에 보이는 건물이 샹보르 성입니다.

À votre gauche, vous pouvez voir le château de Chambord.
아 보트(흐) 고슈, 부 뿌베 부아 르 샤또 드 샹보

💬 샹보르 성은 레오나르도 다빈치가 설계에 참여한 것으로 유명합니다.

Le château de Chambord est célèbre pour avoir compté Léonard de Vinci dans ses architectes.
르 샤또 드 샹보 에 쎌래브(흐) 뿌흐 아부아 꽁떼

레오나 드 뱅씨 당 쎄 자흐쉬떽뜨

💬 이제 다음 장소로 이동할까요?

Pouvons-nous nous rendre à la prochaine destination ?
뿌봉누 누 헝드(흐) 알 라 프호쉔 데스띠나씨옹?

💬 이 대성당은 역사적인 건물입니다.

Cette cathédrale est un bâtiment historique.
쎗뜨 꺄떼드할 에 떵 바띠멍 이스또히끄

💬 저희 사진 좀 찍어주시겠어요?

Pouvez-vous nous prendre en photo ?
뿌베부 누 프헝드(흐) 엉 포또?

길 묻기

💬 이 동네 주민이신가요?

Habitez-vous dans ce quartier ?
아비떼부 당 쓰 꺄흐띠에?

💬 200번 버스 정류장이 어디인가요?

Où est l'arrêt du bus deux cents ?
우 에 라헤 뒤 뷔쓰 드 썽?

💬 공원을 지나 쭉 직진하시면 됩니다.

Il vous suffit de passer le parc puis d'aller tout droit.
일 부 쒸피 드 빠쎄 르 빠흐끄 쀠 달레 뚜 드후아

Il vous suffit d'aller tout droit après avoir traversé le parc.
일 부 쒸피 달레 뚜 드후아 아프해 자부아 트하베흐쎄 르 빠흐끄

💬 길을 건너서 오른쪽으로 꺾으세요.

Traversez la rue et tournez à droite.
트하베흐쎄 라 휘 에 뚜흐네 아 드후아뜨

💬 저기 하얀색 건물 보이시죠? 그 앞이에요.

Voyez-vous le bâtiment blanc là ? C'est juste devant celui-ci.
부아예부 르 바띠멍 블랑 라? 쎄 쥐스뜨 드방 쓸뤼씨

💬 그 박물관은 여기에서 좀 멀어요.

Ce musée est un peu loin d'ici.
쓰 뮈제 에 떵 쁘 루앙 디씨

💬 여기에서 걸어서 20분 정도 걸릴 거예요.

Il faudra vingt minutes pour y aller à pied d'ici.
일 포드하 뱅 미뉘뜨 뿌흐 이 알레 아 삐에 디씨

💬 에펠탑에 가려면 이쪽 방향으로 가는 게 맞나요?

Est-ce que c'est bien la bonne direction pour aller à la tour Eiffel ?
에스끄 쎄 비엉 라 본 디헥씨옹 뿌흐 알레 알 라 뚜흐 에펠?

💬 거기까지 걸어갈 만한 거리인가요?

Est-ce qu'il est possible d'aller jusque là-bas à pieds ?
에스낄 레 뽀씨블르 달레 쥐스끄 라바 아 삐에?

💬 거기까지 가려면 지하철을 타는 게 좋을 거예요.

Pour y aller, il vaut mieux prendre le métro.
뿌흐 이 알레, 일 보 미으 프헝드(흐) 르 메트호

💬 에펠탑이 어느 역에서 가깝죠?

Quelle station est près de la tour Eiffel ?
껠 스따씨옹 에 프해 들 라 뚜흐 에펠?

💬 여기가 무슨 거리죠?

Dans quelle rue sommes-nous ?
당 껠 휘 쏨누?

💬 제가 알려 드릴게요. 따라 오세요.

Je vais vous indiquer le chemin. Suivez-moi, s'il vous plaît.
즈 베 부 쟁디께 르 슈맹. 쒸베무아, 씰 부 쁠레

💬 죄송하지만 저도 이곳은 처음이에요.

Je suis désolé(e), mais je ne suis pas non plus du quartier.
즈 쒸 데졸레, 메 즈 느 쒸 빠 농 쁠뤼 뒤 꺄흐띠에

구경하기

💬 정말 장엄하네요!

C'est très majestueux !
쎄 트해 마제스뛰으!

💬 그림 같은 풍경이에요.

C'est un paysage pittoresque.
쎄 떵 뻬이자즈 삐또헤스끄

💬 내부를 둘러봐도 될까요?

Puis-je regarder à l'intérieur ?
쀠즈 흐갸흐데 아 랭떼히외?
Puis-je jeter un coup d'œil à l'intérieur ?
쀠즈 즈떼 엉 꾸 되이 아 랭떼히외?

💬 그 방은 들어가실 수 없습니다.

Il est interdit d'entrer dans cette chambre.
일 레 땡떼흐디 덩트헤 당 쎗뜨 샹브(흐)

💬 여기 몇 시까지 관람할 수 있나요?

À quelle heure ça ferme ?
아 껠 뢰(흐) 싸 페흠므?

💬 죄송합니다. 내부 공사 중이라 관람이 불가합니다.

Je regrette. À cause des travaux, les visites sont interdites.
즈 흐그헷뜨. 아 꼬즈 데 트하보, 레 비지뜨 쏭 앵떼흐디뜨

Je regrette. Les visites sont interdites car des travaux sont en cours.
즈 흐그헷뜨. 레 비지뜨 쏭 앵떼흐디뜨 꺄흐 데 트하보 쏭 떵 꾸흐

💬 출구가 어디인가요?

Où est la sortie ?
우 에 라 쏘흐띠?

관광 기타

💬 전 관광 대신에 조용히 쉬고 싶어요.

Au lieu de faire du tourisme, je préfère me reposer.
오 리으 드 페(흐) 뒤 뚜히즘, 즈 프헤패(흐) 므 흐뽀제

💬 이 지역 특산물로 뭐가 있나요?

Quels sont les produits locaux ?
껠 쏭 레 프호뒤 로꼬?

💬 그건 가이드가 알 거예요. 그에게 물어 보세요.

Je pense que notre guide le sait. Demandez-lui.
즈 뼁쓰 끄 노트(흐) 기드 르 쎄. 드망데뤼

💬 다음 번에는 당신도 함께 여행가면 좋겠어요.

J'espère que la prochaine fois vous pourrez voyager avec moi.
줴스빼(흐) 끄 라 프호쉔 푸아 부 뿌헤 부아이야제 아베끄 무아

💬 여긴 관광지라 모든 게 비싸요.

Comme c'est un lieu touristique, tout est cher.
꼼 쎄 떵 리으 뚜히스띠끄, 뚜 떼 쉐흐

💬 여긴 관광지지만, 사람이 많지 않아요.

Bien que ce soit un site touristique, il n'y a pas beaucoup de monde.
비엉 끄 쓰 쑤아 엉 씨뜨 뚜히스띠끄, 일 니 아 빠 보꾸 드 몽드

Unité 7 교통

버스

💬 여기에서 그라스에 가려면 버스를 타는 게 나아요.

Si vous voulez aller à Grasse d'ici, il vaut mieux prendre le bus.
씨 부 불레 알레 아 그하쓰 디씨, 일 보 미으 프헝드(흐) 르 뷔쓰

💬 버스를 이용하는 편이 당신에겐 편할 거예요.

Je pense qu'il est pratique pour vous de prendre le bus.
즈 뺑쓰 낄 레 프하띠끄 뿌흐 부 드 프헝드(흐) 르 뷔쓰

💬 거기까지 멀지 않으니 버스를 이용하세요.

Comme ce n'est pas loin d'ici, vous pouvez prendre le bus pour vous y rendre.
꼼 쓰 네 빠 루앙 디씨, 부 뿌베 프헝드(흐) 르 뷔쓰 뿌흐 부 지 헝드(흐)

💬 몇 번 버스를 타야 하나요?

Quel bus dois-je prendre ?
껠 뷔쓰 두아즈 프헝드(흐)?

💬 버스는 언제쯤 오나요?

Quand arrive le bus ?
깡 따히브 르 뷔쓰?

💬 그라스에 가려면 어느 역에서 내려야 하나요?

À quelle station faut-il descendre pour Grasse ?
아 껠 스따씨옹 포띨 데썽드(흐) 뿌흐 그하쓰?

💬 그라스가 종점이에요.

Le terminus est à Grasse.
르 떼흐미뉘 에 따 그하쓰

선박

💬 배를 타고 모나코에 갈 수 있어요.

Vous pouvez aller à Monaco en bateau.
부 뿌베 알레 아 모나꼬 엉 바또

💬 오전 중에 모나코행 배편이 있나요?

Y a-t-il un bateau pour Monaco dans la matinée ?
이아띨 엉 바또 뿌흐 모나꼬 당 라 마띠네?

💬 몇 시에 승선하나요?

À quelle heure peut-on embarquer ?
아 껠 뢰(흐) 쁘똥 엉바흐께?
À quelle heure peut-on monter à bord ?
아 껠 뢰(흐) 쁘똥 옹떼 아 보흐?

💬 다음 기항지는 어디인가요?

Quelle est la prochaine escale ?
껠 레 라 프호쉔 에스꺌?

💬 이제 곧 입항합니다.

Nous allons bientôt entrer dans le port.
누 잘롱 비엉또 엉트헤 당 르 뽀흐

💬 뱃멀미 때문에 배를 타고 싶지 않아요.

Je ne veux pas prendre le bateau car j'ai le mal de mer.
즈 느 브 빠 프헝드(흐) 르 바또 꺄흐 줴 르 말 드 메흐

💬 거기에는 배를 타고 가는 게 가장 빨라요.

Pour aller là-bas, le bateau est le moyen de transport le plus rapide.
뿌흐 알레 라바, 르 바또 엘 르 무아이영 드 트항스뽀 르 쁠뤼 하삐드

트램

💬 이 도시에서 트램이 주요 교통수단이에요.

Le tramway est le principal transport de cette ville.
르 트함웨 에 르 프행씨빨 트항스뽀 드 쎗뜨 빌

💬 역에서 시청으로 가려면 트램을 타세요.

Pour aller de la gare à l'Hôtel de ville, il vous faut prendre le tramway.
뿌흐 알레 들 라 갸(흐) 아 로뗄 드 빌, 일 부 포 프헝드(흐) 르 트함웨

💬 트램이 좀 느려도 이용하긴 편리해요.

Le tram est un peu lent mais pratique à utiliser.
르 트함 에 떵 쁘 렁 메 프하띠끄 아 위띨리제

💬 트램으로 시내 한 바퀴를 돌 수 있어요.

Vous pouvez faire le tour de la ville en tram.
부 뿌베 페(흐) 르 뚜흐 들 라 빌 엉 트함

💬 걸어가기 힘들면 트램을 타세요.

Si vous avez du mal à marcher, prenez le tramway.
씨 부 자베 뒤 말 아 마흐쉐, 프흐네 르 트함웨

💬 트램 정류장은 어디에 있나요?

Où est la station de tramway ?
우 에 라 스따씨옹 드 트함웨?

💬 길을 건널 때 트램을 조심하세요.

Faites attention au tramway quand vous traversez la rue.
페뜨 자떵씨옹 오 트함웨 깡 부 트하베흐쎄 라 휘

자전거

💬 이 근처에 자전거 대여소가 있나요?

Est-ce qu'il y a un endroit où je peux louer un vélo près d'ici ?
에스낄 리 아 어 넝드후아 우 즈 쁘 루에 엉 벨로 프해 디씨?

💬 자전거 대여소가 어디 있죠?

Où puis-je louer un vélo ?
우 쀠즈 루에 엉 벨로?

💬 자전거 하루 대여료가 얼마인가요?

Combien coûte la location d'un vélo à la journée ?
꽁비엉 꾸뜨 라 로꺄씨옹 덩 벨로 알 라 주흐네?

💬 여기에서 대성당까지 자전거로 시간이 얼마 정도 걸리나요?

Combien de temps faut-il pour aller d'ici à la cathédrale en vélo ?
꽁비엉 드 떵 포띨 뿌흐 알레 디씨 알 라 꺄떼드할 엉 벨로?

💬 자전거로 타고 가면 10분 정도 걸릴 거예요.

Vous en avez pour environ dix minutes en vélo.
부 저 나베 뿌흐 엉비홍 디 미뉘뜨 엉 벨로

💬 자전거를 탈 땐 자전거 전용 도로를 타고 가야 해요.

Quand vous êtes en vélo, vous devez emprunter les pistes cyclables.
깡 부 제뜨 엉 벨로, 부 드베 정프헝떼 레 삐스뜨 씨끌라블르

💬 자전거를 이용하는 게 훨씬 경제적이죠.

La bicyclette est beaucoup plus économique.
라 비씨끌렛뜨 에 보꾸 쁠뤼 제꼬노미끄

교통 기타

💬 저는 차를 렌트해서 여행할 예정이에요.

Je vais voyager en voiture de location.
즈 베 부아이야제 엉 부아뛰(흐) 들 로꺄씨옹

💬 저는 차를 타는 것보다 걷는 것을 더 좋아해요.

Je préfère marcher que prendre la voiture.
즈 프헤패(흐) 마흐쉐 끄 프헝드(흐) 라 부아뛰(흐)

💬 시간이 없으니 우리 택시를 탑시다.

Comme nous n'avons pas assez de temps, prenons un taxi.
꼼 누 나봉 빠 자쎄 드 떵, 프흐농 정 딱씨

💬 저 모퉁이에서 내려 주세요.

Déposez-moi au coin.
데뽀제무아 오 꾸앙

💬 길이 엄청 막히네요.

La route est complètement embouteillée.
라 후뜨 에 꽁쁠래뜨멍 엉부떼이에

💬 지름길로 가 주세요.

Pourriez-vous prendre un raccourci ?
뿌히에부 프헝드(흐) 엉 하꾸흐씨?

💬 친구가 차로 공항까지 데려다 주기로 했어요.

Un ami va me conduire en voiture jusqu'à l'aéroport.
엉 아미 바 므 꽁뒤(흐) 엉 부아뛰(흐) 쥐스꺄 라에호뽀

Une amie va me conduire en voiture jusqu'à l'aéroport.
윈 아미 바 므 꽁뒤(흐) 엉 부아뛰(흐) 쥐스꺄 라에호뽀

Un ami va m'amener en voiture jusqu'à l'aéroport.
엉 아미 바 마므네 엉 부아뛰(흐) 쥐스꺄 라에호뽀

Une amie va m'amenerr en voiture jusqu'à l'aéroport.
윈 아미 바 마므네 엉 부아뛰(흐) 쥐스꺄 라에호뽀

Un ami va m'accompagner en voiture jusqu'à l'aéroport.
엉 아미 바 마꽁빠녜 엉 부아뛰(흐) 쥐스꺄 라에호뽀

Une amie va m'accompagner en voiture jusqu'à l'aéroport.
윈 아미 바 마꽁빠녜 엉 부아뛰(흐) 쥐스꺄 라에호뽀